MUTTERRECHT DER STERNE

Band I

EINE ASTROLOGISCHE REISE
AUS GYNOZENTRISCHER SICHT

mit

Sara-Ester Langen
Jade Kress
Birgit Schiran
Dorle-Margareta Schiran
und Ute Schiran

JNANAH VERLAG

1. Auflage, 1985
Verlag Inanah GBR, Sulzdorf
(Sulzdorf 6, 7088 Hüttlingen)
ISBN 3-925531-01-7

Satz und Druck: Bundschuh Druckerei und Verlag, Freiburg
Titelbild: Heide Weller
Korrekturen: Dorle-Margareta Schiran
Buchgestaltung: Birgit Schiran
Vertrieb: Frauenliteraturvertrieb, Schloßstraße 90, 6000 Frankfurt/Main

danksagung

Als frauen haben wir ein schmerzhaft, empfindliches verhältnis zur geschichte. unsere erfahrung ist die des nichterwähntwerdens, des ausradiertwerdens. die muse im hintergrund, die inspirierende, geniale denkerin, deren gatte ein buch unter seinem namen verfasst. wir kennen alle diese verdrehungen. unser buch wäre ohne die vielen frauen, die mit und bei uns astrologieseminare gemacht haben und ihr wissen, bewusstes und tiefes wissen, das sich in trancen offenbarte, beigetragen haben, nicht zustande gekommen. ihnen allen sei dank für die offenheit und die neugierde, mit der sie mitgeholfen haben, unser weibliches wissen um planetare und tierkreiskräfte wieder zu erinnern.

dank auch unseren freundinnen in der näheren umgebung, die unsere aufregungen, unser stöhnen, unseren jubel, unsere geburten an der schreibmaschine liebevoll und geduldig mitgetragen haben. besonderen dank schulden wir: helga behaghel, die durch ihre mutigen Wortanalysen zur weiteren erhellung der tierkreisenergien beigetragen hat; ginster votteler, durch deren inspirierende kritik, manches klarer formuliert wurde; varuna reiner, für ihre geduld, ihre anregungen für das buch, und ihre hilfe im haus bei birgit und ute, während der endphase des schreibens; ulrike ohnmeiss, die dorle-margaretas texte durchgelesen und kritisiert hat; den frauen der »erd-töchter«, die dorle-margareta bei der zusammenstellung der analogieseiten unterstützt haben. vielen dank auch runa schubert, die sara-ester während der zeit des entwerfens und zeichnens die arbeit im gemeinsamen haushalt erleichtert hat, und barbara schiran, die diese hilfe dorle-margareta gegeben hat.

schwäbische alb im spätsommer 1985

Älteste aller Mütter, große leuchtende Göttin der Sterne, Geliebte der Himmlischen Ozeanin, Höchste Richterin, Feurige, die Du dich aus den urweltlichen Fluten erhoben hast. Es ist Nuth, die vom Himmel herunterreicht und alle, die sterben, bei der Hand fasst und in Ihre Arme nimmt, um sie als Sterne ins Universum zu setzen, damit jeder Stern Ihren vollkommenen Körper beleuchte.

Einige sagen, Sie sei Nuneit, die urzeitlichen Wasser, die einst die Erde bedeckten — einige sagen, Sie sei Tefneit, Spenderin der Feuchtigkeit und des Sonnenlichts — andere sagen, Sie sei die Göttin des Webstuhls, die Göttin von Pfeil und Bogen, Jene, deren Bild in dem uralten Schrein zu Sais im Deltaland stand. Dieses heiligste Abbild sagte: Ich bin Alles, was jemals gewesen ist — ich bin Alles, was ist — Ich bin Alles, was jemals sein wird — doch haben sterbliche Augen mich nie erblickt als das, was Ich bin. Aufsteigend aus den urzeitlichen Wassern wurde Ihr Körper zu den endlosen Himmeln, Ihre vollkomenen Zehen und Fingerspitzen berührten die Erde, als Sie sich in kosmischer Schönheit über sie beugte, eine Träne aus Ihrem Auge den Nil erschaffend, die Sterne in smaragdenem Licht leuchtend in Ihren Körper gesetzt, das einzelne Wort »Schönheit« als Rune zwischen Ihren heiligen Hörnern tragend. Die Erde nistet zwischen Ihren Schenkeln und täglich gebiert Sie die Sonne, um sie jeden Abend wieder in Ihren Körper aufzunehmen so wie alle Sterblichen zu Ihr zurückkehren, wenn die Spanne des Lebens abgelaufen ist.

Freudevoll war das Fest der Lampen, als ganz Sais in Flammen erglühte zu Ehren Ihrer Mysterien, jedes kleine Gefäß voll Öl und Salz mit schwimmendem Docht die ganze Nacht hindurchbrennend in Erinnerung an die Feurige, die große Magierin Nuth. Sie mochte den Himmel veranlassen, auf die Erde zu stürzen wenn Ihr Zorn geweckt wurde, doch immer war Sie die Mutter allen Lebens, breitgeflügelte Göttin, die vor Bösem schützt, die das Gute mit Pfeil und Bogen verteidigt so, wie Sie einst jene alten Priesterinnen verteidigte, die Ihren Namen trugen: Neit Hotep, Meryet Neit, Her Neit, Priesterinnenköniginnen, die regierten, als Ägypten jung war, als nur Frauen an Nuths Altären dienten, jede von ihnen in dem Wissen lebend, daß sie eines Tages als Stern auf dem grenzenlosen Körper der Himmelsmutter leuchten würde. *

einleitung

die astrologie ist / war für uns immer gleichermassen eine wissenschaft / handwerkszeug zur Selbsterkenntnis und eine liebesgeschichte mit unseren sternenschwestern. diese beiden eigenschaften sind ineinander verwoben und wiedersprechen sich nicht.

als handwerkszeug hat sie sich als mittel zur Selbsterfahrung, als möglicher initiationsweg erwiesen. sie ermöglicht uns zu erkennen, w i e eine frau die allen gleichermassen innewohnenden kräfte ausdrückt; wie sie in ihr schwingen; welche sternenmelodie ihr ureigenstes lied ist. die astrologie ermöglicht uns n i c h t zu sagen, ob diese frau ihr potential, ihr lied nur auf der ebene von »gut« und »böse« erlebt, oder ob sie die paradoxe vieldimensionalität jeder sternenschwester in sich erinnert und sich mit diesem potential auf den weg hinter und durch die patriarchale festSchreibung der kräfte machen kann. das bild, das wir uns durch ein horoskop machen können, hilft uns, uns Selbst und andere begreifen zu lernen, vielfalt zuzulassen. es zeigt uns auch, wo die angelpunkte des lernens, veränderns und wachsens liegen, die wir ergreifen können, aber nicht müssen.

als wir die forschungsreise, die im wissen über weibliche astrologie mündet, angetreten haben, war uns nicht bewusst, dass damit eine liebesgeschichte begann. es war die liebesgeschichte mit uns Selbst und mit unseren sternenschwestern. sie begann in dem augenblick des zweifels, des grenzauflösenden zweifels an den verleumderischen worten des patriarchats über die frauen, die erde und die sterne. genau, wie wir uns selbst den weg aus der verachtung, verteufelung, verleumdung, des barbarischen unwissens über unsere energien und unser elementares Sein herausgeführt haben, herausführen und weiter hinausführen werden, genauso erleben und erlebten wir den prozess, den weg hin zum erInnern des wissens um die sternenkräfte.

so wurde aus der patriarchalen form des scheinbar objektiven »sich beschäftigen mit . . .« das »innere berührt sein von . . .«, ein wechselseitig wild-zärtlicher prozess des erkennens, des erInnerns, des heilens.

wir lernten unsere sternenschwestern genau wie uns selbst wahrzunehmen, als wesenheiten, die durch jahrtausende hindurch die lüge des Selbstvergessens und der SelbstverLeugnung getragen hatten, geprägt von den verzerrenden benennungen patriarchaler norm. wir lernten, ihnen jenseits und über die beschriebenen Grenzen hinaus zuzuhören. wir lernten, das gehörte und erfahrene in worte zu kleiden, neue / alte namen wieder in den mund zu nehmen, um ihnen gewicht, Wirksamkeit und macht zu verleihen.

wie in unserer unmittelbaren heilungsarbeit war auch in der astrologie die gefahr gross, über der freude, die uns die wahrnehmung planetarer und tierkreiskräfte jenseits patriarchaler verkrüppelung, beschneidung und einengung bereitete, die ungeheure wirksamkeit dieser lügen zu vergessen, andererseits gab es auch augenblicke, in denen wir selbst der magie dieser lügen anheimfielen und uns schwer taten, in unseren schwestern, den planeten und tierkreiszeichen, wohltuende, gynenergetische kräfte wahrzunehmen. all diese schwankungen finden sich ansatzweise auch in diesem buch wieder.

wir haben uns vorgenommen diese forschungs-liebesreise so zu beschreiben, dass die leserin die möglichkeit hat, nachzuvollziehen, wie wir zu unseren wahrnehmungen gekommen sind. grundsätzlich greifen wir auf unsere körperwahrnehmung, die trancearbeit* mit uns selbst und vielen frauen, die mit uns gearbeitet haben und auf unser »planetenspiel« zurück. das heisst, wir selbst sind die quellen dessen, was wir aussagen. da, wo wir auf andere frauen verweisen, die aus gynozentrischer sicht geschrieben haben, oder wo wir patriarchale literatur zitieren, werden wir eine anmerkung machen.

das buch soll, so hoffen wir, eine lustvolle anregung zur eigenen forschung, anstoss zu eigenen Wahrnehmungen und fragestellungen geben. eine der grundlegenden voraussetzungen für unser eigenes studium war unter anderem die respektlosigkeit gegenüber all den büchern, die wir gelesen hatten — respektlos im sinne von darüber-hinaus-denken-dürfen, die eigenen inneren erfahrungen über dem bücherwissen nicht zu relativieren oder geringer zu achten. bücher sind quellen, eigene erfahrungen, erInnertes wissen sind quellen — oft vernachlässigen wir die letzteren zugunsten der »nachweisbaren«, die aus schwarz-weissen druckerkünsten bestehen.

mary daly sagt sehr treffend, was auch wir meinen: »dieses buch zu schreiben, heisst am feministischen prozess teilhaben. das ist problematisch . . . ein teil des probelms liegt (auch) darin, wie bücher wahrgenommen werden. wenn sie als heilige texte aufgefasst / benutzt / idolisiert werden, dann sind die götzenanbeter in einem karusell gefangen, das sich dreht aber nicht bewegt . . . eine kreiselbewegung, die in nichts dem feministischen prozess entspricht . . . wir brauchen kreative kristallisationen, indem wir werke schaffen — beispielsweise bücher . . . dies schreiben / metamorphisieren / spinnen ist selbst ein teil der reise . . . ist eine lebendige, sich verändernde realität.».

das ist, wozu wir die leserin einladen möchten, zu einer begonnenen entDeckung, die einer gemeinsamen weiterführung bedarf.

der ausgangspunkt für ihre aussagen und forschungen war für jede der am buch beteiligten frauen ihr ungeteiltes leben und lieben mit anderen frauen. die erfahrungen, das beWusstSein in einem beginnenden frauenkulturellen zusammenhang hat uns bewegt, astrologie auf diesem konkreten, Sinnlichen hintergrund neu zu erforschen. wir haben uns entschlossen dieses buch zu schreiben, da wir wissen, dass es keine vergleichbare sammlung weiblicher forschung und darstellung astrologischer erfahrung gibt, deren ausgangspunkt jenseits heteroGener philosophien und lebensweisen liegt.

für uns als gruppe war das verfassen des buches ein aufregender prozess. wir mussten lernen unterschiedlichkeiten zuzulassen, die verschiedenen schreib- und betrachtungsweisen gelten zu lassen, und dennoch zu fühlen, dass wir uns auf einem gemeinsamen boden beWegen. jede von uns ist auch in der konfrontation mit der schreibmaschine gewachsen, mit der auseinandersetzung, das wissen zu formulieren, sind neue erkenntnisse über die kräfte, von denen wir berichten, aufgetaucht.

ade kress hat die abschnitte über mond und saturn verfasst und die liebesgeschichte zur erhellung der musekräfte geschrieben.

birgit schiran hat die planetenkräfte neptun, sonne, muse beschrieben.

dorle-margareta schiran hat die darstellungen von merkur, pluto, erde und den drei transplutonischen Planetenkräften geschrieben und das »planetenspiel«. ausserdem hat sie die analogiereihen zu allen planetenkräften zusammengestellt. Das Composit ist von ihr errechnet und gezeichnet.

ute schiran hat sich bemüht, den philosophischen hinterGrund unserer arbeit zu skizzieren. sie hat die planetenkräfte venus, urania und hera / jupiter beschrieben und die darstellung der tierkreiskräfte übernommen. ausserdem stammt die einleitung aus ihrer »feder«.

sara-ester langen hat die tierkreissymbole neu gezeichnet .

heide weller hat das titelbild für dieses buch gemalt. ausserdem hat sie uns ein gedicht zu den elementen und ihre hera-trance zur verfügung gestellt.

jawa matzurek hat die übersetzung des nuthgedichtes gemacht.

etwas über uns

Seit einem jahr wohne ich — 36 jahre — waage / jungfrau — mit meiner tochter tina, 10 jahre, in der hälfte eines alten gutshofes auf der schwäbischen alb. Es ist für mich eine ganz neue erfahrung, nach 15 jährigem leben in wohngruppen und mit der jeweiligen festen beziehung, jetzt als einzige erwachsene — nach jahren der trennung — mit meiner tochter zu leben.

Meine volle aufmerksamkeit und konzentration widme ich zur zeit dem aufbau einer »Lesbengemeinde« auf der schwäbischen alb und dem errichten von arbeits- und forschungsräumen innerhalb des instituts Inanah für matriarchale philosophie, forschung und lehre.

Die grundlage für ein leben auf dem land, für ein leben und arbeiten mit frauen, für eine eigene glaubens- und visionskraft an ein vollständiges, erfülltes leben mit frauen, diese grundlage ist vor allen dingen mit meiner Charlottenbergzeit entstanden. In dieser zeit habe ich mit sehr unterschiedlichen frauen unter einem dach gelebt und gelernt, was weiblicher alltag, was weibliche spiritualität ist.

In den jahren davor habe ich in verschiedenen städten am aufbau der frauenbewegung, -zentren und -selbsthilfegruppen mitgearbeitet. Es waren die jahre, in denen ich mich von männern, von meinen berufen — industriekauffrau und erzieherin — abgelöst habe, ebenso, wie ich mich von allen vorstellungen, innerhalb des patriarchats noch eine persönliche geschichte zu haben, ablöste.

Jade

Meine persönliche Geschichte

Dorle-Margareta Schiran

Steinziege — Löwin

Anfänglich wollte ich zu diesem Thema gar nichts schreiben. Es fällt mir schwer, zu entscheiden, welche Aussagen über mich und über mein Leben ich als so wesentlich erachte, daß ich sie aus all den anderen herausschälen und hier darstellen will. Wen interessiert schon, was ich wann und wo studiert habe? Was sagen mein beruflicher Werdegang oder meine Daten über meine persönliche Entwicklung aus?

Und das, was mir wert und wichtig ist in meinem Leben, das ist mir wiederum zu persönlich, als daß ich es in dieser Form öffentlich machen will. Ich möchte mich auf einige ausgewählte Benennungen, die mir willkürlich erscheinen, nicht festlegen, solange ich die eine, alles umfassende noch nicht gefunden habe.

Also keine Geschichte von mir über mich?
Nun — genau genommen ist das auch schon meine typische Geschichte . . .

ute jahrgang 1946 jungfrau / löwe

nach mehr als zweieinhalb jahrzehnten suche nach meiner kultur, meinem ausdruck, von kindheit an von dem gefühl begleitet »ich bin hier fremd, das ist nicht mein land, meine wurzel« 1972 erste kontakte mit der sehr jungen frauenbewegung. zu diesem zeitpunkt habe ich eine abgebrochene schauspielkarriere, mehrere sonstige berufsversuche, die geburt meines sohnes, drei jahre ehe und mein eben begonnenes medizinstudium zu verzeichnen. erste kontakte mit lesbischen frauen geben mir die möglichkeit mich zu erInnern, dass frauenliebe existiert. 1976 geburt meiner tochter — mein dreissigster geburtstag — auszug aus der gemischten wohngemeinschaft. die entscheidung für mich und die liebe zu frauen, durch die junge frau in meinen armen forciert. im august 76 begegne ich barbara starrett aus boston. mit 10 anderen frauen nehme ich an einem workshop teil. wir gehen durch trancetechniken in andere dimensionen, andere zeiten. dies ist, was ich suchte. meine arbeit von da an: workshops mit anderen frauen, astrologie, tarot, erInnerungsarbeit. 1977 breche ich mein studium ab. von da an lebe ich mit anderen frauen auf dem land.

heute lebe ich mit birgit und miriam, meiner tochter, unseren hündinnen momo und anath, unseren ziegen sappho, kamille und selene und einer schwarz-weissen katze auf der schwäbischen alb. rund um uns herum wohnen andere frauen, mit denen wir gemeinsam unsere utopie von einer frauenkultur entwickeln. mit vier weiteren frauen teilen wir unseren clan-namen, in dem wir uns alle finden. ausdruck tiefen vertrauens in unterschiedliche erscheinungsformen weiblichen Seins.

Birgit Schiran

geboren 1950; Doppelwaage

aufgewachsen in einer süddeutschen Kleinstadt ging alles erstmal seinen normalen Gang. Grundschule, Gymnasium, Abitur, dann Studium an der Deutschen Sporthochschule Köln. Engagement im Studentenparlament. Nach Studienabschluß stundenweise Unterrichtstätigkeit und Beginn eines Zweitstudiums an der Abteilung für Heilpädagogik Köln.

Endlich, 1975, entdeckte ich die Kölner Frauenbewegung für mich und das Gefühl, Gesuchtes gefunden zu haben, ließ mich auch nach verflogener Anfangseuphorie nicht mehr los, als ich erkennen mußte, daß sich z. B. meine patriarchalen Beziehungsstrukturen leider nicht einfach von selbst auflösten, aufgrund der Tatsache, daß ich von nun an lesbische Beziehungen lebte.

Meine Suche nach mir selbst führte mich nach fünfjähriger Zentrumsarbeit zu den damals sogenannten Land- und Magie- Lesben.

1980 ließ ich dann alles altbekannte hinter mir und zog zusammen mit acht Frauen auf einen Hof in Niederbayern. Hier mußte ich nochmals die schmerzhafte Erfahrung machen, daß sich meine Visionen von Beziehungen, Zusammenleben und Zusammenarbeit nur schrittweise verwirklichen lassen. Unsere Gruppe löste die gemeinsame Wohnsituation auf, und zu viert zogen wir für ein halbes Jahr nach Cornwall, zu den alten Steinen. Zurückgekehrt liessen wir uns vorübergehend in der Eifel nieder und erweiterten unsere Gruppe auf sieben Frauen. 1983 gründeten wir in dieser Konstellation das Freie Institut für matriarchale Philosophie, Forschung und Lehre e. V. »Inanah« und gaben uns parallel dazu unseren gemeinsamen Frauen-Klan-Namen Schiran. 1984 zogen wir fast alle auf die schwäbische Alb, wo wir uns in unterschiedlichsten Wohnkonstellationen niederließen. Damit veränderten sich meine Vorstellungen von Gruppe, von Zusammenarbeit nochmals entscheidend. Meine Hoffnung, daß meine Träume sich tatsächlich realisieren werden, ist im Wachsen begriffen.

COMPOSIT

(Gemeinschaftshoroskop)

Die gemeinsame Schwingung der schreibenden Autorinnen grafisch dargestellt.

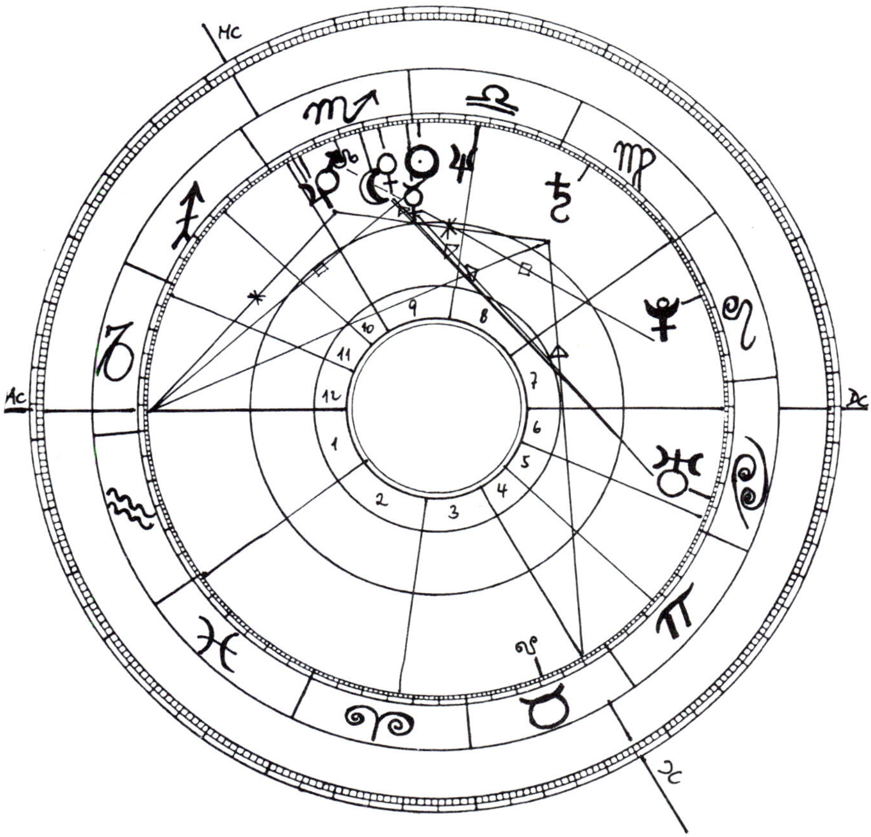

grundsätzliches

ich habe die grenzen erfahren
zwischen frauen und männern
das besessen sein von
und die sucht nach dem »anderen«.
teilung und unterscheidung lagen wie wundmale
der zerrissenheit auf meinem weg.

mehr als die hälfte des himmels bin ich.
gebar ich doch beides, geteilt und dennoch
aus meinem unteilbaren schoss entsprungen.

deine hände, deine haut, dein gesicht,
dein schoss, frau,
und die sprache deines körpers waren mir heilung.

sie Selbst berühre ich in dir.
eins mit mir im kern, tief innen, weit aussen,
heimat.
du und ich, frau, gleiche.
wenn ich von dir besessen bin,
komme ich zu mir
wenn ich nach dir suche finde ich dich / mich.

der erste wichtige ausgangspunkt unserer weltanschauung / philosophie ist die Wahrnehmung, die erfahrung und erInnerung der unTeilbarkeit gynozentrischen Sei-ens*. für uns gibt es die polarisierenden begriffe von weiblich-männlich, yin-yang als boden, UrGrund von dem wir ausgehen, nicht.

das heisst nicht, dass wir das gesetz der polarität leugnen würden, aber wir haben aufgehört, diese bedingtheit für d a s gesetz zu halten. vielmehr ist es uns ein möglicher ausdruck des ungeTeilten Selbst. unsere suche, unsere fragen aber gelten dieser gynozentrischen ungeTeiltheit und ihren vielfältigen ausdrucksmöglichkeiten in allen frauen.

»alle muttergottheiten spinnen und weben . . .
aus ihnen kommt alles, was ist: aus entstehen
und vergehen, den 'rhythmisch auftauchenden
und wieder verschwindenden fäden' weben sie
die wandeltapisserie der welt.«

sir galahad
mütter und amazonen

der zweite wesentliche boden unserer betrachtungsweise der wirklichkeit ist die Wahrnehmung der Selbst / Göttin, der erzeugenden schöpferin in jeder konkreten frau, nicht in einem übergeordneten prinzip, sei es weiblicher, männlicher oder neutraler / geschlechts l o s e r ausprägung.

unserer spiritualität / sinnlichkeit wohnt die beWegung der verkörperung des beWussten gynozentrischen Sei-ens inne. unsere sinnlichkeit / spiritualität ist nicht notwendiges durchgangsstadium um zum geschlechtslosen alliebenden prinzip zu werden, das körperlos, grundlos, sinnlos schwebt und sich aus dem körper entbunden hat. sie ist ausdruck u n d quelle unseres Sei-ens. unsere zeitliche inkarnation ist nicht nur eine erfahrung in raum und zeit als ein strahl der ungeTeilten Selbst / göttin, sondern auch die ungeTeilte Selbst / göttin, die in der irdischen ebene all ihre kräfte sammeln kann. das heisst, wir sind nicht nur teil von ihr, sondern sie, ihr tor in dieser ebene, und identisch mit ihr.
aus vielen regressionserfahrungen sind wir zu der annahme gekommen, dass männliche inkarnationen den persönlichen erfahrungsbereich in raum und zeit, karmisches wachstum ebenfalls verkörpern, aber für die zeit dieser irdischen existenz die grenzen des geTeiltSeins nicht überschreiten können. das würde ihren todeswunsch und ihre religiösen vorstellungen von entkörperung als eingehen ins ganze, diese nekrophile sehnsucht, verständlich machen.

satt
wenn wir unsere liebe nehmen
*und gebrauchen **
ich kenne alle stadien
des hungers

aus übersättigung
aus überernährung
mit leblosen speisen
und

aus mangel an Lust,
der einzigen speise, die satt macht.

jetzt
fange ich an mich halbverhungert
langsam an wohlriechende speisen
zu gewöhnen.
von deinen brüsten
zwischen deinen schenkeln
und mir die zeit zu geben
zu verdauen.

die dritte voraussetzung für unser leben, unsere liebe, unsere philosophie und unsere forschung ist in dem wort »separatismus« zusammengefasst. es gibt zwei unterschiedliche beWegGründe für diese radikle Sei-einsWeise.

ein beWegGrund ist die klare einschätzung unserer kulturlosigkeit, unserer irritierbarkeit inmitten des patriarchats. für die ganz neuen fragen und forschungen zu uns Selbst hin, aus uns Selbst heraus, beanspruchen wir den nicht täglich in allen beReichen irritierten freiRaum. dies ist separatismus aus notwendigkeit, um während des tastens, suchens, des wanderns ohne gesellschaftliche absicherung, dennoch berührbar zu sein, offen, neugierig. es ist freier Raum um forschen zu können. die tägliche konfrontation während dieses forschens mit patriarchaler, frauenfeindlicher umwelt würde uns zu viel energie für schutz, verschliessen oder schmerzhafte erfahrungen kosten. zumal wir ohnedies mit unseren eigenen pervertierten, verbogenen energien und ihrer transformation in gynenergetisch-Seinsbejahende kräfte zu tun haben.

eine forscherin, die ganz neue wege geht, die ihre eigenen gewohnten strukturen und ihr aussenfeld auf nekrophile kräfte untersuchen und die möglichkeiten zur transFormation, die wege zur ungeTeilten Selbst finden muss, wird keine zeit erübrigen für menschen, die ihr forschungsgebiet anzweifeln, ihre fragen, ihre arbeitsweise für verrückt erklären. sie wird ihre kraft nicht in rechtfertigungs- und beweis-der-richtigkeit-diskussionen verschleudern. sie wird sich konstruktive herausforderung suchen, aber sich nicht mit menschen aufreiben, die ihr beweisen wollen, dass ihr forschungsgebiet irrelevant sei oder gar nicht existiere.

eine ebene von separatismus* ist also eine kühle frage der gynenergetischen ökonomie.

eine andere ebene hat mit unserer weltanschauung, unserer überzeugung und unserer ungeTeilten liebe zu uns Selbst zu tun. dieser teil ist jenseits der freiRäume zu finden, jenseits der notwendigkeit der zeit. es ist nicht der freiRaum von männern, sondern der KultUrRaum mit frauen. der raum, in dem wir uns selbst das »salz in der suppe« sind. es ist der tempel jenseits polarer und dualer struktur, jenseits der grenze der lüge von der gleichbeRechtigung von zwei, die nur durch die verEinigung zu einer / einem Ganzen werden. dieser KultUrRaum entsteht nicht aus der notwendigkeit der zeit. es ist der InnenRaum, tempelkörper jenseits des schleiers der isis. die von sich selbst sagt »kein Sterblicher hat je meinen chithon gelüftet«*.

es ist der raum, den frauen, da sie auch in, unter diesem schleier beheimatet sind, in ihrer gemeinsamen identität teilen können.

raum, der durch die zeit des patriarchats nicht berührt wurde / wird. unteilbarer, unverletzbarer, vergessener raum, den wir seit äonen nicht mehr benannt haben und der dennoch lebendig ist.

unsere philosophie, unsere suche nach gynzentrierter Wahrheit, ist bis heute ein Lustvoller, aber immer auch noch / wieder schmerzhafter prozess. der schmerz ist dort angesiedelt, wo wir spüren, wissen, erfahren haben, dass wir das zentrum der vielfalt nicht mehr bennen können, wo wir aussen nicht sehen, nicht hören, nicht schmecken und riechen, was wir innen gefangen fühlen. normalerweise versuchen wir dem schmerz zu entrinnen, indem wir an »den stäben rütteln«. indem wir verstehen, begreifen, von aussen signalisiert haben wollen, und in diesem »rütteln« unsere kräfte schmerzvoll verschleudern und entkräften, finden wir die antwort nicht. unsere wegerfahrung ist es, den grössten schmerz gleich dem tiefsten wissen einer frau zu setzen. und so ist die einzige, mögliche antwortgebende beWegung, die, sich Selbst zuzuneignen*, so weit hinaus und hinein zu hören, bis wir erInnern und darstellen können, was wir wissen,. dann erst können wir auch rat erTeilen, indem wir gestalten, benennen, was wir tief innen und weit aussen erInnerten.

philosophie ist ein schütze-hera / jupiter prozess. diese energie weiss um die freiheit der wege, die alle zur entfaltung der Selbst führen. gleichzeitig spüren wir heute, dass in allen wegen, allen philosophien, religionen, wahrheiten die uns feilgeboten werden, ein Wesentlicher boden für uns fehlt. und so sind wir vorsichtig, misstrauisch, schwanken selbst zwischen einer »menschlichkeit« und vermeintlichen weite, die verSöhnlich nur uns Selbst übersieht, und der starren enge der unsicherheit und des dogmatismus', die uns genauso wenig geRecht wird. Langsam, mit dem zärtlichen atem für unsere sich entfaltende zeit, gehen wir gerader und klarer, unverSöhnlich und sicherer. die weite wird atem und lebendigkeit und beinhaltet uns, die starre wird beWeglichkeit ohne die klarheit von grenzen zu verlassen. langsam.

aber noch immer finden wir in unseren betrachtungen östlicher, westlicher philosophien, spiritueller beWegungen, politischer vereinigungen, religiöser gemeinden, in geheimbündlerischen wissenschaften, im universitätswissen bruchstücke der wahrheit, erInnerungsfetzen. und doch finden wir auf diese weise nicht, was wir suchen, die Wahrheit gynozentrischen, elementaren Seins. es scheint, als treibe die Wahrheit blüten, ohne dass wir ihrer wurzel* gewahr sind. es sieht so aus, als führten die »toleranten« wege immer im kreis, ohne unser tief Innen und weit Aussen beFindliches Sein zu berühren.

unsere suche geht also weiter. wir beziehen unsere ver-rücktheiten, unsere hysterien*, unsere geschichte, unsere Mythen, kurz alles was herkömmlich als krankhaft bezeichnet wird, unbehagen schafft oder ignoriert wird, mit ein.

hell wie die hölle
sind wir geblendet?
und schwarz wie die teufel,
sehen wir nichts?
unsere hölle ist von frau holle bewohnt
und unsere augen schauen strahlende himmel
im schneegestöber.
unsere teufel sind die dämoninnen* der lust
und ihr gelächter macht die schwärze durchsichtig
wie obsidian.
spiegeln wir einander mut zu
aus höhlen voller erdgeister.
die erynien und furien haben ihr lied angestimmt,
zwischen unseren schenkeln,
heiss
und fordernd
ihr Recht.

wir führen uns gegenseitig wege, erinnern einander daran, daß wir elementar Sind, elemente Sind. im gegensatz zu männern, unseren entwurzelten söhnen, brauchen wir die elemente nicht beHerrschen zu lernen. wir sind diese elemente. was wir lernen müssen, indem wir einander rat erteilen, ist dies Sein, das handhaben der eigenen Kräfte. sie zu Sein, sie zu bergen, von ihnen durchschwungen zu werden / sein, in sie hineinzuWirken ist, was wir erInnern müssen. das sind die initiationsWege, die wir uns zuTrauen müssen. unsere unwissenheit macht uns angst. durch sie sind wir entweder ausgelieferte der kräfte, heimgesuchte, verrückte, oder wir opfern teile unserer Selbst um gleichbeRechtigt Normal zu sein.

auf unseren initiationsWegen wandern wir die pfade unserer rythmischen erscheinungen ab. wir finden kontakt mit wesen, die in unsere sichtbare welt kommen wollen, um sich zu verkörpern oder durch sie hindurchzuschwingen, wenn wir die kraft des Eisprungs fühlen, wenn wir tor sind für die schwingungen und inFormationen auf anderen ebenen. wir knüpfen fäden in andere welten und ebenen, während der rote faden unseres blutes fließt. wenn wir diese rhythmen aus dem platten und eindimensionalen bann heterosexueller fruchtbarkeitsideologie nehmen, wandern wir über die angst vor biologistischer festschreibung hinaus. wir fragen uns nach den energien, die diesen zyklischen erscheinungen innewohnen.

unsere initiationsWege führen uns an all die orte, zustände, vorstellungen, in denen frauen als schlecht bezeichnet wurden, wo sie verteufelt und verleumdet wurden.

wäre in unserer sinnlichkeit / sexualität nicht eine weltWirkende, mächtige* kraft, niemand würde sich die mühe machen, mit so viel ablehnung und angst darauf zu reagieren.

wäre unsere menstruation ein rein biologistisches geschehen, das lediglich ein nicht eingenistetes ei auf — dafür — aufwendige und relativ umständliche weise aus unserem körper entfernt, würde sich nicht ein männergeschlecht nach dem anderen mit angst und ekel, mit verleumdung und barbarischer ausmerzung durch eine ungeheuerliche anzahl von gebärmutterentfernungen hervortun.

die kraft des eisprungs, die energie, die wir dabei verkörpern und handhaben, wurde lediglich aus praktischen, augenfälligen gebrauchserwägungen vor diskriminierung verschont.

wir Selbst in unserer verwirrung versuchen oft genug die kräfte abzutun, zu verleugnen oder zu neutralisieren. aber welche würde ernsthaft einen schlüssel wegwerfen, von dem sie weiß, daß er ihr dreizehn türen öffnet, nur weil sie einen dieser räume hinter einer dieser türen nicht / nicht mehr betreten will?

von den mittelalterlichen weisen frauen wissen wir, daß vollmond / eisprung zum bindezauber gehören, und neumond / menstruation für lösende zauber zuständig sind.

die energie des eisprungs ist ins sichtbare formende kraft. sie kann schwingung in sichtbare struktur binden, gebären. die energie der menstruation ist formlösende, also tötende kraft. sie löst struktur in schwingung auf.

diese energiebeWegungen / formen finden wir in unseren jungen, vormenstruellen schwestertöchtern genauso, wie in den alten postmenstruellen frauen.

in der jungen überwiegt die formende kraft, die sie für ihre eigenForm braucht. in einer gynzentrierten kultUr ist dies die zeit der unterweisung in ihren elementaren kräften, so daß sie bei ihrer ersten menstruation die balance halten kann, die mitte ist, ihre kräfte handhaben kann. in der alten frau fänden wir in einer solchen kultUr die ratgeberin, unterweisende, die das tor ist für wesenheiten und für sich Selbst, die sich aus allen ebenen sammeln und sich aus der sichtbaren welt zurückziehen kann.

den physischen rythmus von eisprung und menstruation verläßt sie erst, wenn sie sich langsam auf den rückzug aus der physischen ebene vorbereitet. die normalität klimakterischer erscheinungen während des fünften lebensjahrzehnts ist für uns eine gesellschaftliche und keine biologisch feststehende, obwohl es auf den ersten blick so scheinen mag.

wir nehmen an, daß männliche form, die weder selbst erscheinen kann, noch sich selbst lösen kann aus irdischer struktur, eine zeitliche (für unseren zeitbegriff lange, für zeitlosigkeit kurze) erscheinung ist, die nicht mehr geformt und langsam gelöst wird, sobald die evolutionsepoche vorüber ist, in der diese unvollständig mit dem Ur-Grund verankerte struktur notwendig war / ist.

bei solchen wahrnehmungen und gedanken bleibt es nicht aus, uns zu fragen, wie wohl diese welt beschaffen wäre, ob sie existieren würde, ohne weibliche, rythmische kraft — nicht nur als sichtbare gebärerinnen, sondern als tor, schwingend zwischen allen ebenen, die hierzulande geleugnet werden. es bleibt nicht aus, uns zu fragen, ob wir uns des tötens wieder Selbst annehmen müssen, die liebende übereinkunft des lösens wieder praktizieren müssen, statt die kraft dem morden* zur verfügung zu stellen.

es bleibt nicht aus, sich zu fragen, welche formen, welche strukturen wir in die welt entlassen wollen, und auf welche weise wir sie erzeugen.

es bleibt nicht aus zu fragen, ob wir die attribute, die in den mythen die göttinnen ihren heroen zur verfügung gestellt haben, die insignien der macht / des machens nicht wieder zurückfordern müssen, damit diese welt und wir mit ihr, nicht in brutaler zerstörung enden.

es bleibt nicht aus zu fragen, ob wir die überTragung der lösenden kraft aus unserem blut in die opfernde / mordende hand des heroen, und die überTragung des schöpfenden, erzeugenden, kernberührenden eigenimPulses in den anstoßenden, kernTeilung erzeugenden imPuls des heroen nicht endlich zurücknehmen müssen.

es bleibt die frage, ob wir nicht endlich aufwachen wollen, aus der position der ohnmächtigen, die allenfalls gegen den wahnsinn des patriarchats protestiert, wütend und verzweifelt. die regie, die lenkung wieder Selbst übernehmen, in der gemeinsamen berührtheit miteinander, um zu lösen und zu binden im einklang mit den ebenen und harmonien, die wir langsam wieder wahrzunehmen imstande sind.

dies buch soll ein wenig mithelfen, rat geben, wie wir unsere elementaren kräfte handzuhaben lernen, damit wir den platz einnehmen, der uns ermöglicht uns und die erde zu leben, zu wandeln, zu Sein was wir sind. — Selbstheilerinnen einer zerrissenen welt.

DIE TIERKREISZEICHEN

bevor wir uns auf die reise machen, die tierkreissymbole und ihre aussage zu erfassen, will ich mir und euch noch einmal ganz bewußt machen, daß wir nicht gelernt haben, mehrdimensional zu denken und WahrzuNehmen.

dies nicht etwa um zu resignieren und den tatbestand hinzunehmen, sondern klar diesen ausgangspunkt zu bestimmen. wie jede handWerkerin werden wir also erst einmal üben müssen, die antennen für das erFassen mehrdimensionaler Wirklichkeit zu öffnen, beziehungsweise uns beWußt zu machen, daß wir diese antennen ignorieren. das ergebnis einer forschungsarbeit wird ja nicht nur vom gegenstand, den es zu e forschen gilt, sondern auch von dem zustand der forscherin bestimmt. wir verhalten uns auf allen gebieten eindimensional, oder wir haben angst verrückt zu sein. die musik gibt uns ein gutes beispiel für das, was ich meine. wir lernen von klein auf e i n e n 'sauberen, klaren' ton zu singen. auf diese weise schärfen wir unser wahrnehmungsvermögen für diese eine dimension eines tones. wir singen zwar i m m e r, ob uns das bewußt ist, oder nicht, ober- und untertöne i n dem einen ton mit, vernachlässigen diese vielfalt des e i n e n tones aber in unserem beWußtSein völlig, gleichgültig ob in unseren gefühlen, in unserem verstand oder in unserer körperlichen wahrnehmungsfähigkeit. dadurch hat die vielfalt eines tones für uns tatsächlich zu existieren aufgehört. der ton 'a' ist dann nicht mehr eine akzentuierung, in der alle anderen schwingungsebenen enthalten sind, sondern ein von anderen schwingungen unterScheidbares Vereinzeltes, nämlich 'd a s a'. durch diese betrachtungsweise nehmen wir uns und allen wesenheiten um uns herum die ganzheit ihres / unseres Seins und die freiheit der bewegung und der wandlung.

wir zerteilen, beschneiden und zerstückeln auf der suche nach der letzten (!) Wahrheit. ob wir das mit atomen tun / versuchen oder z. b. in der astrologie, wo wir bemüht sind oppositionelle Andersartigkeit zu definieren. dies ist das mörderspiel, das wir als einmaligen charakter haben, eindeutig sein, greifbar sein und konkret sein bezeichnen.

wir werden stattdessen versuchen die einmaligkeit, die individualität eines wesens, sei es eines tierkreiszeichens oder einer frau darin zu suchen, ihre besondere art zu entdecken, die einzigartigkeit, wie sie die möglichkeiten, die in allem sind, Wirklichkeit und WahrScheinlichkeit werden läßt.

das bedeutet, qualitäten neu zu definieren. es bedeutet, daß in der westlichen welt so bedrohliche N i c h t s / nirvana als die leere zu erfahren, die die fülle aller möglichkeiten beinhaltet. es bedeutet materie / gestalt / sichtbares als eine zeitliche mögliche ausprägung aller gestalten, aller möglichkeiten wahrzunehmen.

es bedeutet anstelle von FestSchreibungen, die wir für endGültig halten, schriftZüge zu erkennen, die die freiheit haben zur gegebenen zeit zu verblassen, und / oder sich neu zu gestalten.

in dieser art geRechtigkeit zu üben sind wir ungelenk. die immer stärker gewordene angst vor dem chaos, dem (dann) unbeWußten, dem dunklen, dem unsichtbar Weiblichen, hat dazu geführt, daß wir mit diesen geteilten, reduzierten philosophien aufgewachsen sind. wir sind es nicht gewohnt, integrativ zu denken, ohne daß wir sofort in vorstellungen von machtmißbrauch geraten. wenn wir Normalerweise 'integrieren' sagen, meinen wir 'in eine gruppe einfügen', 'in ein gegebenes system einfügen'. diese scheinbare integration ist immer begleitet von der forderung nach beschneidung, die wir freundlicherweise 'kompromisse' nennen und die opfer sind. wir können uns auch in philosophische / religiöse systeme integrieren, was für gewöhnlich die vernachlässigung der eigenen einzigartigkeit zur folge hat, um so zu werden wie . . . gott / guru. eine ein-weg-gasse. bei dieser art der 'integration' haben wir meist die versicherung erhalten, daß, wenn wir die beschneidenden kompromisse machen, wenn wir uns einfügen, wir von dem prinzip, der gemeinschaft, dem gott / guru genährt werden. aber während das prinzip, der gott / guru, die gemeinschaft auch ohne uns lebensfähig ist, weil es aus vielen quellen gespeist ist, sind wir es nicht. in diesem integrationsmodell sind wir unGleich. wir können nicht sagen, wir sind die göttin, du und ich, wir geben uns einander hin, und nehmen einander auf, erzeugen einander, sondern wir sind von diesem prinzip, dieser person abhängig, die eine hierarchisch 'höhere' ebene für uns darstellt.

der versuch integrativ zu denken, ohne in den beschriebenen machtmißbrauch zu geraten, bedeutet, mir und der anderen Gleichermaßen und Gleichzeitig zuzugestehen, daß alles fließend sowohl in mir als auch in der anderen in erscheinung treten kann, weil beide / alle die gleiche vielheit von möglichkeiten beherbergen. es bedeutet nicht ein verwaschenes gleichheitsmuster, in dem ich nicht berücksichtige, was von dieser vielheit in jeder einzelnen geweckt ist und was schläft, wo eine sich erInnert hat und wo sie durch den schmerz der Ratlosigkeit taub ist in der zeit.
auf die Tierkreiszeichen bezogen heißt dieses integrationsmodell, dass jedes alle energiemuster der zwölf beinhaltet, sie aber auf eine spezifisch eigene art repräsentiert. wenn wir uns ein horoskop ansehen, wird diese betrachtungsweise noch einmal ganz deutlich. wir gehen immer von derselben grundlage aus. die tierkreiszeichen sind grundmuster für jede von uns. die planetenenergien stehen jeder zur verfügung. raum-zeitkoordinaten spielen immer eine rolle. und doch setzt jede ihre bausteine auf ihre art und weise zusammen. jede hat ihr ganz eigenes spiel damit. wir tragen alle die gleichen Wahrscheinlichkeiten. jede macht ihre Möglichkeit daraus. für die Zeichen des tierkreises ist es genauso. jedes trägt das gesamte wissen des kreises in sich und zeigt es in einer wechselnd unverwechselbaren art.
um das zu veranschaulichen, will ich euch einladen, jedes zeichen von verschiedenen standpunkten aus zu betrachten, damit nicht nur der 'eine saubere' ton erscheint, der sie bezeichnet, sondern alle ihre schwingungen, ihre ober- und untertöne mitgehört werden können, aus denen sich ihr wahrer name zusammensetzt.
wir werden uns zuerst den drei qualitäten der kreisbewegung zuwenden:
der traditionellen horoskopbewegung, in der die zeichen gegen den uhrzeigersinn

durch die nacht an den tag laufen;
der traditionellen jahreszeitenkreisfolge, in der sich die tierkreiszeichen von sonnenaufgang durch den tag der nacht zuneigen, also im uhrzeigersinn laufen;
und unserer eigenen betrachtungsweise, in der die achtheit der jahreszeitenfeste und die vierheit der initiationswege eine gemeinsame bewegung ergeben, die sich doppelspiralig formt, wie wir sie auch in der DNS,* unserer zelleigenen erbinformation, wiederfinden.

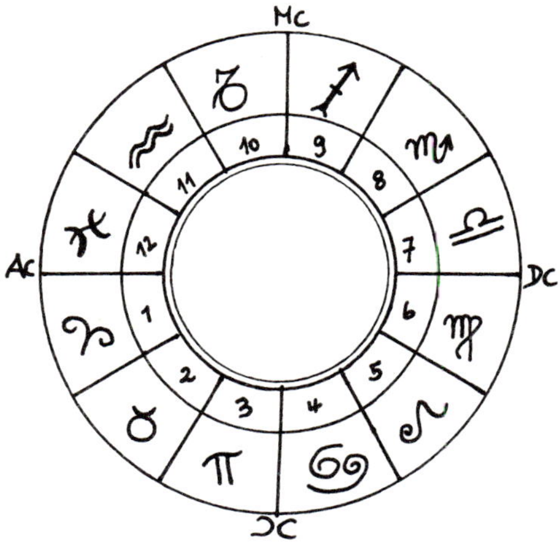

dies ist das traditionelle tierkreisbild, das mit dem ascendenten, der aufsteigenden sonne beginnt, dann aber, entgegen dem uhrzeigersinn nicht in den 'vormittag' aufsteigt, sondern mit diesem ersten licht hinuntertaucht in die nacht, durch die mitternacht wandert, dem imun coeli, um bei der abenddämmerung, dem descendenten, hinaufzusteigen bis in den mittag, dem medium coeli und weiter der morgendämmerung entgegenwandert.

wir nehmen diese beWegung für gewöhnlich hin, ohne uns zu fragen, weshalb sie unserer zeit- und rythmuswahrnehmung so entgegenläuft.

wir finden in dieser beWegung ein sehr altes und weises gesetz wieder, dem wir gerade in unserer zeit in vielen fällen entgegenarbeiten. dies gesetz besagt, dass wir in unsere eigene tiefe, wesenheit eintauchen müssen, um an den tag, ans licht zu bringen, was wir hier in diesem Leben für einen Sinn haben. es bedeutet nicht, die dunkelheit ans licht zu zerren. vor allem in der therapeutischen aufforderung liegt diese bewegung des hervorzerrens. mary daly zeigt in ihrem buch gynökologie deutlich die vergewaltigende art vieler therapiemodelle auf. wir gehen von unseren forschungen aus und finden in der arbeit mit elementaren energien immer wieder das gesetz, daß, was in der dunkelheit beheimatet ist, nicht an den tag gezerrt werden soll. unsere würde bewahren, die würde jeder anderen bewahren, heisst ein geheimnis bewahren. es bedeutet nicht, die dunkelheit als u n beWusstes, beängstigendes chaos in uns zu verMuten, oder der aufforderung zu folgen 'es doch zu zeigen'. es bedeutet vielmehr hinabzusteigen in das dunkle licht, mit zärtlichkeit und wissbegierde, um uns unsere wurzel, unsere verbundenheit mit jeder frau und der erde bewusst zu machen, den tiefen Sinn unseres daSeins aufzuschliessen. es bedeutet, dann mit diesem wissen über uns hinaufzusteigen an den tag, um tätig zu werden in diesem uns innewohnenden Sinn.

weberinnen wissen um die unterfäden, die auf der oberfläche, dem sichtbaren muster unsichtbar bleiben. ohne diese unterfäden aber würde das muster auseinanderfallen, nicht zustandekommen. keine frau würde diese unterfäden ins muster zerren - das gewebe würde dadurch instabil.

wenn wir ein beWusstSein von uns Selbst erlangen wollen, müssen wir in uns hineinwandern, in diese dunkelheit, die unsere unterfäden darstellt. jede frau hat ihren eigenen weg aus zeit und raum, auf dem es keine 'verdrängung' und kein 'du willst ja nur nicht' gibt. es gibt ratlosigkeit und unwissenheit, wie den fuss setzen um sich selbst nicht zu verletzen bei dieser wanderung.

unsicherheit über die zeit der entfaltung kennen wir, in dieser atemlos hastenden, verzweifelten gesellschaft.

diese bewegung im tierkreis macht uns gleichzeitig auf ein paradox aufmerksam, dem wir immer und überall begegnen, wenn wir uns auf eine integrative betrachtungsweise, erfahrung einlassen. wir können es uns am beispiel 'krebs' deutlich machen.

wenn wir dem kreis gegen den uhrzeigersinn nachgehen, finden wir das zeichen krebs in der mitternacht. es wird herkömmlich als das unbeWusste wasser definiert. gehen wir im tierkreis aber im uhrzeigersinn der jahreszeiten finden wir den 'krebs' als zeichen der sommersonnwende. es steht hier also für den längsten tag des jahres und das meiste licht (all dies immer auf unsere nördliche halbkugel bezogen). mit der landläufigen gradlinigkeit des 'entweder/oder' kommen wir also nicht weiter. der 'dunkle grund' , die mütterliche wurzel/heimat, das u n beWusste unserer angstgesellschaft, ist gleichzeitig das zeichen für die grösste vielfalt des sommers, das zeichen für die warme helligkeit.

ich bitte euch, ständig dieses spiel zu spielen, diesen tanz zu üben, bis ihr in euren körpern spürt, was dunkles licht und lichte dunkelheit sind. es ist etwas anderes als dunkelheit, die ohne licht nicht definiert werden könnte, oder licht, das wir ohne dunkelheit nicht erkennen würden als licht. nicht die bedingtheit, diese hospitalistische schaukelbewegung meine ich, sondern das integrative Sein, das beinhaltet. am anfang des erlernens paradoxen, integrativen lebens steht oft die intellektuelle akzeptanz, dass ein wesen helligkeit und dunkelheit, g l e i c hZeitig sein kann/ist. diese erweiterung unseres beWusstSeins beginnt wie die forschung über licht. je nach unserer augenblicklichen stellung als betrachterinnen nehmen wir licht als partikel, also als

materie oder als welle, also als energie Wahr.
es bedeutet bereits einen großen schritt zur freiheit, die wir uns und den betrachtenden gegenständen/wesen einräumen, wenn wir uns zubilligen, daß ein wesen zuständigkeiten aufweisen kann, die sich normalerweise bei unserer 'schwarz/weiss'sichtweise ausschliessen.

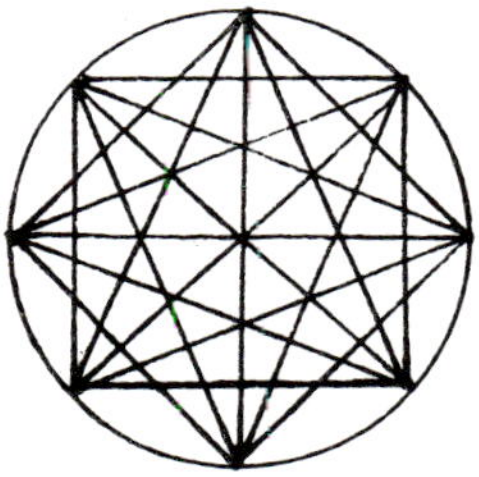

der nächste schritt ist die ganzheitliche, also auch körperliche erfahrung/wahrnehmung, daß das licht wellenpartikel ist. mein körper erkennt wellenpartikel, auch wenn ich mich für die betrachtungsweise, die mir nur partikel zeigt, entschieden habe. das heisst, ich fühle mich von der ganzheit berührt, obschon meine stellung und die bewegung des lichts im raum uns gegenseitig nur einen teil der jeweiligen ganzheit zeigt. die wahrnehmungsfähigkeit würde bedeuten, meine eigene und die zerstückelung des gegenstandes, den ich erforsche, oder eines wesens, das ich wahrnehme, aufzuheben.

am ehesten kommt dieser beWegten wahrnehmungsfähigkeit die vorstellung des tanzes entgegen. und so werden wir durch die Tierkreiszeichen tanzen. wir werden einen tanz tanzen, der ihnen die möglichkeit gibt, all ihre ausdruckswahrscheinlichkeiten zu offenbaren.

jedes zeichen repräsentiert das Ganze, die göttin, die allEinheit.
jedes zeichen hat eine unverwechselbare ausprägung: durch die stellung in der trinität der elemente,
durch die stellung in der vierheit der drei qualitäten,
durch die stellung des integralen gegenübers,
durch die stellung in der folge des kreises.

tanz der elemente.

wenn wir uns alle zeichen in ihrer elementaren ordnung ansehen, so offenbaren sie uns sowohl die qualität des elementes, dem sie angehören, als auch den aspekt ihrer stellung innerhalb der dreiheit von

werdende/junge/weisse ***dies ist der aspekt, der dem zeichen des elementes zugeordnet ist, das das element zu Sein lernt.***

Seiende/mittlere/rote ***dieser Aspekt gehört zu dem zeichen eines elementes, das dieses element repräsentiert, ist.***

gewordene/alte/schwarze ***dieser aspekt verkörpert das zeichen, das gelernt hat, das element zu Sein und nun in der lage ist, rat zu erteilen.***

Feuer
Feuer so heiß
tief
so tief in der Erde
lange dauern die Wehen
begonnen
vor dieser Zeit
Feuer
so alt
bringt die junge Erde
Erde
Erde so warm
mächtig
so mächtig in ihrer Fülle
lange erinnern die Steine
überdauern die Zeit
Erde
so alt
entläßt die jungen Winde
Luft so kalt so heiß
trocken und feucht
schnell
so schnell in ihrem Wechsel
lange sprechen die Stürme schon
lange
seit der Zeit
Winde
so alt
geben das junge Wasser

Feuer
und
Erde
und
Luft
und
Wasser
Wasser so tief
klar
so klar in der Seele
lange fließt ihr Lauf
mit der Zeit
Wasser
so alt
gebiert das neue Leben
Frauen
Frauen so alt

f e u e r

die katze hat geschlafen:
sie streckt sich, gähnt und geht auf liebe aus.
*(issa) **

feuer bedeutet elementare lust am Sein. es ist unser innerstes, unsere unveräusserbare mitte. feuer bedarf keiner frage nach der beRechtigung des daSeins. in diesem Sinne ist es Grundlos, aber nicht Sinnlos.
feuer ist zeitlos, immer.
feuer ist unveräusserbar, ganz im gegensatz zur gängigen praxis, die wir gelernt haben. wir entflammen für eine idee, eine vorstellung, eine person. das heisst, wir geben unsere lust an eine idee, eine vorstellung, eine person ab. wenn die idee nicht mehr zündet, brechen wir zusammen. wenn die vorstellung nicht eintrifft, sind wir ratlos und zornig. wenn die person unser feuer nicht erwidert, schlägt unsere liebe in enttäuschung und schmerz um.
am schwersten zu lernen für uns alle, ist es, das eigene feuer kontinuierlich brennen zu lassen, indem wir uns nicht entäussern, sondern unsere lust am eigenen leben, am Selbstwerden, SelbstSein und WahrSein in uns tragen, ohne begründung und leichtSinnig.

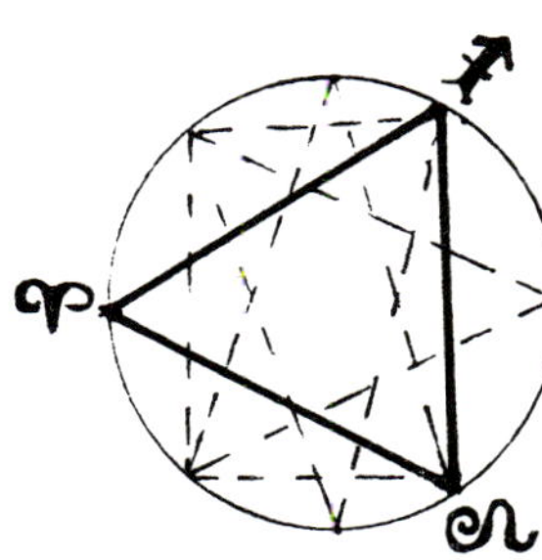

WIDDER

irdenes feuer, werdende,
die junge, die weisse des
feuertrigons

wenn wir uns die bewegung des feuertrigons vorstellen, so ist es, als ob wir aus den tiefen strömen vulkanischer lava einen kanal an die erdoberfläche wahrnähmen, der gesammelte energie hervorbringt. 'ich will' sagt sie und strömt hinaus um das geWollte zu wirken. mit ihrer Kraft entsteht neue form aus all den möglichkeiten der unterirdisch gesammelten strömungen.

sie ist die werdende Knospe, aufblühende, die zentrierte kraft des beginns.

der rat, den sie braucht, in einer zeit des gespaltenen beWusstSeins, ist, sich mit den strömungen, aus denen sie sich zusammensetzt wieder zu verbinden, von dieser Verbindung ein sinnliches, konkretes bewusstsein zu entwickeln. und, was noch schwerer für widder in ihrer gespaltenen wahrnehmung ist, dass der imPuls zwar die blüte, die frucht beWirkt, aber sich selbst davon abhalten muss, eine vorstellung davon zu haben, was und wie und wann der wille sich gestaltet. den willen in die welt zu senden, fliessen zu lassen, anstatt zu stoßen, und dieser kraft so sehr zu vertrauen, daß sie sich den täglichen aufgaben zuwenden kann, ohne starr zu werden und sich ein bild zu machen von dem 'wie es sein soll', bedeutet die widderkraft lustvoll leben zu können. es ist eine frage der inneren ökonomie, denn wenn ich am imPuls festhalte, werde ich keine kraft haben, die knospe zum blühen zu bringen, düfte und farben zu entwickeln etc. jede beWegung hat ihre zeit und wandelt sich in die nächste. so auch der imPuls. die erde, die das feuer hört, die lüfte, die das gehörte weitertragen, und die wasser, die es formen, können den imPuls nicht übernehmen, wenn wir die kraft festhalten in der geballten hand.

LÖWE

wässriges feuer, die Seiende,
die mittlere, die rote des
feuertrigons

wenn die beWegung von widder in ihrer imPulskraft eine senkrechte linie von tief unten nach oben ist, so können wir uns die beWegung von löwe als waagrechte vorstellen. sie sammelt aus den wassern, aus den eMotionen ihrer umwelt, aus der wärme und kraft des imPulses, der freigelassen wurde und erde, lüfte und wasser durchschwungen hat.

in ihr gestaltet sich Wille. aus dem 'ich will' wird in ihr die 'ich bin'. für sie ist die werdende, junge widder vergangenheit und die gewordene, alte schütze zukunft. sie ist das paradox, die Gestalt des feuers, die Sein kann, weil alles im wandel ist und nichts verweilt. die Sei-ende ist der augenblick, in dem sich unsichtbare ruhe und beWegung treffen im sichtbaren raumzeitnetz. sie ist die 'ich bin', die frucht, die aufgeblühte, die zentrierte kraft des wandels.
der rat, der ihr gebührt heisst, wieder fühlen lernen, aus was sie entstanden ist, um dem selbstHerrlichen Gefühl der self-made-women, in dem die immerwährende angst des entzugs von zuneigung und applaus lauert, zu entwachsen. nicht dafür, dass sie ist, was sie zu sein scheint, erhält sie wärme, die sie jederzeit verlieren könnte, wenn sie den schein nicht mehr darstellen kann.

die wärme, die ihr gebührt, die wärme des imPulses ruft sie hervor und nährt sie um ihrerSelbst willen. sie entsteht aus allen elementen. ihr sinn ist es, die elementare lust am Sein darzustellen. die freude am Da-Sein bedarf keiner begründung. und so kann sie langsam lernen, dass ihre wärme, ihre grosszügigkeit, ihre fülle keine darstellung zu sein braucht, um die eigene existenz zu rechtfertigen.

SCHÜTZE

luftiges feuer, die gewordene,
die alte, die schwarze des
feuertrigons.

die beWegung von schütze könnten wir als eine primär senkrechte bezeichnen. diesmal aber kommt sie von weit draussen, sammelt aus allen himmeln und kommt mit der quintessenz des gesammelten zur erde, dringt tief in sie ein, bis in ihr die wärme, das feuer, die glut sich ausbreiten kann als freude und lust am lebendigen Sein. ihre sammlung kommt aus allen gedanken, die je gedacht wurden, aus allen ideen, wahrheiten, die je gesprochen wurden. sie kommt aus den vielfältigen gestalten, die die wahrheit annimmt. sie sammelt sie, um erneut zu zeigen, dass in allen gestalten die einheit, die eine wurzelhafte wahrheit liegt. unsere körper, die erde findet erInnerung an einfachheit, an die freiheit des Seins durch sie. der rat, der ihr gebührt ist, das verlorene gesetz, das aus dem Bewußtsein verschwundene, geleugnete Gesetz, das dennoch lebendig ist, wieder zu benennen, statt fanatisch einen teil der wahrheit zu vertreten. denn solange sie nicht benannt hat, was so schmerzhaft in ihr brennt, wird sie sich an teile der Wahrheit klammern, und ihre pfeile, die liebe sein könnten, werden dolche des misstrauens und der trennung.
der zweite rat, der ihr gebührt ist, ihr feuer nicht in die andere, den anderen körper zu gießen, um nur darin die einfachheit, die wahrheit zu erleben und ohne diesen Spiegel selbstschwankend, suchend, irrend zu sein. so, wie widder sich wieder erinnern muß,

dass ihr wille sich aus vielen strömen zusammensetzt, die sich in ihr vereinigen und zum imPuls werden, so ist es für schütze wichtig, sich zu erInnern, daß die wahrheit gesammelt ist, aus vielen gestalten, ideen, wahrheiten, die alle die eine wahrheit enthalten, ihr unterschiedliche gesichter geben, zeichen und namen verleihen, und daß ihr eigener körper ihr sagt, was der kern all dieser wahrheiten und philosophien ist. es gibt unendliche wege, dem gesetz geRecht zu werden, aber nur einen für die verkörperung, die schütze gewählt hat. und eben dieser körper ist es, der sie leitet, wenn sie in berührung kommt mit all den möglichkeiten, in denen sich das gesetz ausdrückt.

e r d e

kirschblütenhügel —
der stein, auf dem ich schlafen werde,
wird weich sein.
(rotsú)

erde bedeutet elementare lust am erScheinen. es ist das element, durch das wir uns äußern. das erScheinen in der welt bedeutet uns nicht lüge, illusion, nichtigkeit, sondern die freude daran, sichtbar werden zu lassen, was in uns ist, dem wissen, dem Sein ausdruck zu geben.

erde bedeutet freude und neugierde am erforschen, am sinnlichen erFassen, beGreifen, riechen, schmecken, tasten, eben mit allen sinnen Wahrnehmen. es bedeutet, die erScheinung und die darin ausgedrückte struktur, norm, form zu erGründen. erde bedeutet nicht, ein für alle mal zu ***haben***, zu kennen, festzuschreiben. erde ist nicht die feste form, die das gefängnis für geist ist aus dem sie sich befreien muß. erde bedeutet sichtbare aussage, verDeutlichung unserer Selbst in ihrer beWegung und wandlung. sie bedeutet die freiheit, gestalt anzunehmen und auszudrücken, was uns innewohnt, bedeutet die freiheit, gestalt zu verändern durch die wechselWirkung mit den anderen elementen. erde ist nicht nur beeindruckbar, sie beeindruckt auch Selbst durch die schwingung, die sie erzeugt, die die gestalt/form erzeugt. für uns, die wir erde Sind und erde bewohnen, ist sie das tor, sind wir das tor, durch das die anderen elemente fliessen. erde ist die freude am erscheinen ohne die angst gefangen zu sein und ohne die angst des verLustes, wenn wir die gestalt wechseln, ändern, gleitend, und mit einem tiefen wissen, einer zärtlichen liebe zur zeit.

STIER

wässrige erde, werdende,
die junge, die weiße des
erdtrigons.

die beWegung von stier ist, ähnlich wie widder, eine beWegung, die aus der erde kommt. diesmal aber ist es nicht die tiefe des erdfeuers, das sich sammelt und in einem imPuls hervortritt. es sind die wasser, rinnsale, bäche, ströme der erde, die ihr wissen, ihr fühlen, ihre form- und beWusstWerdungskräfte in den körper wandern lassen. es sind tau und regen, nebel sind es und wolkenbrüche, die den jungen körper nähren. versunken in die wahrnehmung der welt ist dieses junge wesen, tastend, schmeckend, hörend, riechend. Eins mit der erde sein ist der wunsch von stier. da sie ratlos ist, wie sie Eins mit der erde sein kann, will sie sie haben, besitzen, und verliert sich und sie.

der rat, der stier gebührt ist, sich die zeit — ein wesen, das eng mit erde verbunden ist — zu nehmen, für die entfaltung ihrer sinne. zeit ist es, die sie braucht, zeit außerhalb von notwendigkeiten, zeit zum spielerischen entfalten aller Sinne. so kann sie ihre tastende forschung betreiben, kann gerüche sich entfalten lassen und geschmack auf der zunge zergehen spüren, so hat sie zeit Eins zu werden mit der, die sie berührt. stier verwechselt oft dies versunkene, in den wassern der erde, den gefühlen, dem körpergefühlSein, mit dem unSchuldigSein, einem zustand der Selbstvergessenheit, der beWusstlos ist. kein wesen der erde ist unschuldig im sinne von geschichtslos und/oder christlicher vollkommenheitstheorie. stier jagt einer unerreichbaren, christlichen vorstellung nach in diesem 'lasset uns sein wie die kinder'. diese da konnten unschuldig, sprich verantwortungslos/ohnmächtig sein, denn sie haben einen papa, der die dinge schon richten wird. stier hat dies nicht — zum glück für ihr inneres wachstum — für sie bedeutet kind sein, Eins sein mit der erde, ein beWusstSein zu haben über den augenblicklichen zustand der erde, indem sie sie fühlt, tastet, berührt, in ihr versunken ist, ihre schwester ist. diese kraft, die verMag sinnlich zu erfahren, mit allen Sinnen erde zu Sein, ist die heilkraft von stier. sie ist die junge erde, grenzenlos Eins mit der welt. zu ihr gehören die alten nabelsteine (omphali), tore der kraft aus der erde.

JUNGFRAU

luftige erde, die Seiende,
die mittlere, die rote des
erdtrigons.

ihre bewegung könnten wir wieder wie bei Löwe eine primär waagerechte nennen. sie sammelt aus den lüften, den tönen, den schwingungen, als all den inFormationen, die sich durch und um die erde bewegen. und aus all dem, was sie erreicht, spinnt sie ein netz, webt einen teppich, legt einen garten an, macht sie ein system, erkennt sie struktur, und stellt es dar. sie ist in der lage sich in eine gegebene struktur einzuschwingen, mitzuspielen. für sie ist struktur wie ein spinnennetz, schwingend und veränderbar in den unterschiedlichen wetterlagen. ihr körper, ihre erde sagen ihr, ob die struktur, der sie erlaubt hat, durch sie zu schwingen, in der sie mitschwingt, dem gesetz der erde entspricht. ihr körper ist ihr instrument, das den rhythmus erkennt, der dem erscheinen innewohnt. da sie selbst webt, sät, spinnt, weiß sie, daß am anfang eines fadens noch kein knäuel zu sehen ist, daß bei der aussaat noch keine frucht geerntet werden kann, daß das lösen und sich anderen aufgaben zuwenden, kein verlassen und vergessen bedeutet, jungfrau erkennt den augenblick, wann ein faden in der tiefe des hintergrundes verschwindet, damit im vordergrund ein muster sichtbar wird. solange sie sich ihres wissens nicht liebevoll sicher ist, dieses wissens von nähe und distanz, von unsichtbar sein und sichtbar werden, bringt sie ihre ratlosigkeit oft dazu, distanziert zu bleiben, strukturen zu durchschauen und mitzuspielen ohne berührt zu sein. jungfrau spürt die schwingungen einer struktur, erInnert den rhythmus der erde im einklang mit den himmeln. sie ist die erde, die ihre zeit kennt, die zeit des sich Selbst neuformens, zeit der wiedergeburt. in ihr ruht das geheimnis der parthenogenese, bis es wieder erscheinen kann.

die grossen alten dolmen, schwingungskörper aus stein, sind ihre plätze, auch jene, auf denen später die kathedralen für die 'falsche Madonna' errichtet wurden, wie zum beispiel chartres*.

STEINZIEGE

feurige erde, die gewordene,
die alte, die schwarze des
erdtrigons.

steinzieges bewegung ist, wie die von stier, eine senkrechte. aber die richtung zeigt von oben nach unten, sie sammelt aus den kosmischen und solaren feuern und formt damit körper und gestalten. ihr fällt es am schwersten von allen erdzeichen ihre innere lust zu finden, denn ihre lust ist die zeit, ist zeitraum, in dem sich unter ihren eigenen händen, in ihrem klaren feuer, form entfaltet, gestaltet wird, die sich ihrer Selbst bewußt ist, handlungsfähig. sie ruht nicht, bis sie sich selbst geformt hat, hinter die eigene maske geblickt hat, in der maske die wahrheit erkannt. die kraft ihres formwillens ist groß genug, um auch ihr umfeld zu durchWirken.

das wissen über formen, das ihr innewohnt, verleitet sie oft dazu, das außen, die umgebung formen zu wollen zwingen zu wollen, und selbst dabei starr zu werden. aber auch bei ihr ist es das Selbe verMögen wie bei den anderen beiden erdzeichen. Ihr wissen, ihre zeugungskraft, ihre fähigkeit die umwelt zu formen, liegt in ihrem körper — so kann sie spüren, an ihrem eigenen lustvollen fluß oder ihrer gespannten starre, ob sie im zeitlichen einklang ist mit ihrer umwelt. sie lehrt am klarsten und einfachsten dadurch, daß sie überzeugend sich Selbst formt, zu der, die sich aus allen zeitRäumen nährt und die ihre aufgabe in dieser zeit gefunden hat. wenn steinziege transparent geworden ist, zeigt sie, was sie zu lehren hat und braucht keine überflüssigen worte mehr.

die steinkreise und steinkalendarien wie stonehendge sind ihre plätze.

luft

die sonne
im auge der falkin
die zurückkehrt auf meine hand
(tairo)

luft bedeutet elementare lust an der mitTeilung, der verbindung, während die beiden vorhergehenden elemente mehr das 'ich bin, und dadurch wirke und erkenne ich' ausstrahlen, gewinnt in den luftzeichen ein deutliches 'sich selbst als produkt von wechselwirkung zu begreifen'. es scheint, als würde in den luftzeichen zu diesem ich, das in der welt wirkt, die erste antwort auf dieses wirken hin erfolgen. luft öffnet sich für die schwingung, die als antWort von aussen und innen kommt und gestaltet sie, inFormiert. in den luftzeichen treffen wir am deutlichsten auf die anzeichen von spaltung, gespaltenSein. die philosopie des gegensatzes, der unterscheidung und trennung, hat in den luftzeichen zu der shizophrenie des gespaltenSeins geführt, in 'ich' und andererseits die 'welt'. die ungeteilte mitTeilung wurde zum gegenSatz. das verbinden von verschiedensten ausdrücken geschiedht nicht mehr über die eigene berührtheit, läuft nicht mehr über den all diesen ausdrücken innewohnenden kern. so scheinen die inFormantin unabhängig zu sein von der inFormierenden person.

wie in der homöopathischen arzneimittellehre ist es auch in der astrologie. durch die zeichen, die gespalten Sein am stärksten zu tage treten lassen, wird die gespaltenheit geheilt.

dort, wo die männlichen esoteriker die heilige hochzeit, die chymische hochzeit ansetzen, finden auch wir sie. dadurch ergeben sich in diesen zeichen die grundlegendsten verwirrungen, denn die ***qualität*** dieser Hohen Zeit weist, je nach ausgangspunkt, wesentliche unterschiede auf.

für die alchimisten ist es das zeichen zwilling, das ihnen für die chymische hochzeit dient, um ihre aufhebung von trennung zu betreiben. diese aufhebung bedeutet jpersönliche unsterblichkeit, die durch die vereinigung von anima und animus erfolgt. sie setzen voraus, es gäbe einen selbständigen animus, nicht ein wesen was immer aus der anima kommt. das wort anima bedeutet wind, windhauch, luft, seele, geist im lateinischen. animus wird nicht anders übersetzt, ausser, dass es plötzlich mensch, mann heisst. es ist also das aus der luft, aus anima hervorgegangene. dieser vorgang ist etwas anderes als die vorstellung, zwei immer schon getrennte unterschiedliche wesen verenigten sich zu einem aus diesen beiden wesenheiten zusammengeführten geschöpf.

wenn die luft, anima, sich wieder einverleibt, was sie hinausgeblasen hat als animus, so ist sie der eine UrGrund, nicht zwei, die sich vereinigen um vollständig zu werden.

die rosenkreuzer hingegen nehmen eher die vorstellung von venus (waage) und mars (widder) für ihre erlösung. wobei die frau ihre sexuellen energien zugunsten des zu erleuchtenden mannes opfern muß. für die rosenkreuzer und die meisten anderen europäischen geheimbünde ist die heilige hochzeit die hochzeit des mannes mit seinem eigenen schatten. in seinem 'schatten' waltet jedoch die sich opfernde, ihre elementaren kräfte opfernde frau, die ihr Selbst aufgebende nährerin, die heilige, die keine hure mehr sein darf.

für die new-age-bewegung ist die andro-gyne vereinigung im zeichen des wassermannes angesiedelt. hier haben wir die erlaubnis, uns mit unserem animus zu verbinden um androgyn zu werden. die männer verbinden sich mit ihrer anima, um das selbe zu erreichen. scheinbar sind wir in diesem falle 'menschen', aber auch hier bleiben wir bei der vorstellung von der vereinigung zweier unterschiedlicher, jeweils selbständiger wesenheiten.

für frauen bedeutet die möglichkeit der luft, sich Selbst in ihrer ungeTeilten ganzheit wiederzufinden. es bedeutet, sich die zeit zum atmen zu geben und zu nehmen, zärtliche zeit des tiefen atmens, bis die mitTeilung, der atem von außen, sich mit dem inneren atem verbinden kann, bis innen und außen sich berühren.

zeit zu atmen. wir atmen alle dieSelbe luft.
ungeteilte mitTeilung,
die botschafen der luft brauchen zeit
zur entfaltung. klangwellen werden in der
luft viermal langsamer getragen als im wasser.
die zeit der lüfte ist die gleichzeitigkeit.

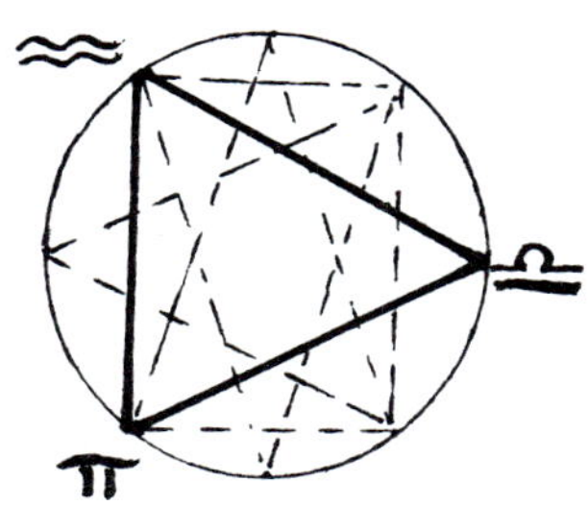

ZWILLINGE

gerüche tragen botschaften/
tor zwischen den welten

feurige luft, die werdende,
die junge, die weiße des
lufttrigons.

zwillings bewegung ist, wie bei allen ersten elementarzeichen, eine senkrechte bewegung. diesmal aber ist sie es, die aus allen himmeln sammelt. alle ideen, alle gestalterischen möglichkeiten, die sie vernimmt in den weiten der lüfte trägt sie auf die erde,um den verSuch zu machen, sie dort zu spielen, zu erproben. sie trägt der erde ihre vorstellungen zu, leicht und ohne auf ihrer verWirklichung zu bestehen, und dennoch ist es auch ihr glück zu sehen, wie sich gestalten bilden aus ihren ideen, hervorgezaubert aus ihrer freude am entwurf. für sie kann es nicht heissen, daß es nur eine möglichkeit des handelns, des denkens, des fühlens gibt. aber da unsere heutige weltanschauung die moral des 'klaren tones', des definierbaren charakters hat, ist es für zwilling schwer in sich selbst die möglichkeiten gleichbeRechtigt wahrzunehmen, sich selbst zu sehen, in einer handelnden version, die sichtbar auch für die anderen agiert und einer beobachtenden person, die andere handlungsmöglichkeiten kennt und durchspielt. auf dieser ebene wäre ihre Hohe zeit mit sich selbst, sich zu erlauben in einer person die zwei zu sein, die vielheit, die über die zwei hinausgeht und diese vielheit zu leben, die eigene geliebte zu sein, ein monogamiemodell, das ihr in der bezugnahme zu anderen frauen erlaubt, vielfach zu lieben.

WAAGE

töne tragen rat/
die mitte der welten zeigt ihr gesicht

irdene luft, Seiende,
die rote, die mittlere des
lufttrigons

ihre bewegung ist wieder eine waagerechte, wie sie allen mittleren kräften der elemententrigone innewohnt. die gestaltungskräfte von zwilling haben sich in vielen frauen dargestellt, haben viele gesichter angenommen, viele ausprägungen der einen wahrheit. waage erinnert sich an ihre ganzheit dadurch, daß sie sich in den anderen frauen ihre spiegel holt, sie geht in beziehung, berührung mit den melodien, die ihr fremd scheinen, anders als ihre eigene und erweitert sich um die erfahrung dieser anderen möglichkeit des Seins. ihre schwierigkeit ist es, diese neue melodie durch sich schwingen zu lassen, ohne von ihr so geprägt zu werden, dass ihre eigene darüber verstummt, oder sich nur noch in verzerrten weisen vernehmen zu lassen. ihre möglichkeit, bei sich zu bleiben, die eigene melodie zwar zu erweitern, zu verändern, aber sich nicht von einer anderen bewohnen zu lassen, ist ihre fähigkeit, aus der erfahrung von beziehungen kunst, kunde zu machen, weiterzugeben, zu inFormieren, was sie erfahren hat. sie gibt ihre berührtheit durch die erfahrung mit einer geliebten weiter in einem werk, in einem gespräch, in einem rat. eine waage, die 'hinter geschlossenen schafzimmertüren' behält was sie erfährt, beginnt ihr grundmuster zu verzerren, indem sie sich der melodie, dem ausdruck der anderen anzupassen versucht. dabei wird sie, weniger sichtbar, verzweifelt versuchen ihr eignes lied wiederzufinden, im zweifelsfall indem sie versucht die geliebte dazu zu verführen es für sie zu singen. die waage lebt das teilen, das geteilt sein und die mitteilung in der zweiheit der beziehung, die sich erweitert, indem sie ihre berührtheit weitergibt, sich zeigt in der veränderten melodie, durch ihr werk, ihre materialisierte aussage, in der durchsichtigkeit und ihrer eigenen berührbarkeit für die anderen frauen, denen sie mitTeilt, was sie erfahren hat.

für die waage ist der konflikt des verarmens in der 'zweierbeziehung' und ihres stimmigen wissens um zwei, um spiegelung, die zeit und ruhe zur entfaltung braucht,am deutlichsten. unser wunsch nach freiheitlichen beziehungen macht uns manchmal glauben, wir könnten die zwei überspringen, um einer drei, einer vielheit willen. aber wo wir nicht in der lage sind, uns von einer frau Wirklich berühren zu lassen, uns in unserem kern schlafendes wecken zu lassen, um unsere eigene melodie wieder ganz zu machen, werden wir auch nicht imstande sein, uns von mehreren berühren zu lassen. audré lorde spricht in ihrem essay 'von der macht der erotik' vom 'mitgeteilten selbstbezug' — dies wäre die stimmige bewegung für waage: die berührung durch die melodie einer anderen frau auf sichSelbst zu beziehen, in die eigene melodie einzubeziehen und diese eigene, alte/neue melodie mitzuteilen, einer anderen frau, in einem gedicht, in einem gewebe — tänzerin im wind.

WASSERFRAU

farben tragen erkenntnis/
die aufgerollte schlange offenbart sich.

wässrige luft, die gewordene,
die alte, die schwarze des
lufttrigons.

ihre beWegung ist wieder die senkrechte. aber statt, wie die vorhergehenden alten der trigone, von oben nach unten zu wandern, wandert die elementarenergie der wasserfrau aus der erde in die lüfte.

ihre lust ist es, das, was zwilling an möglichkeiten in die erde gesenkt hat, was die waage in ihrem körper wiedererInnert hat an gestalten und ausdrucksfähigkeiten, zu sammeln, alle keime und Wahrscheinlichkeiten zu bündeln zu einem grandiosen moment des neugestaltens. sie wirft die neue idee, das neue muster weit hinaus, läßt sie leuchten in der sonne, wie regenbögen im himmel, farbspiele aus wasser und licht. ihre scheinbar plötzliche inspiration ist die sichtbare ausdrucksmöglichkeit von langen wegen und sammlungen, die unterirdisch verlaufen. ihre kraft, die mit der gefürchteten und ersehnten gefiederten regenbogenschlange, der kundalini, zusammenhängt, ist für uns deshalb so wenig handhabbar, weil wir uns der unterirdischen bewegungen nicht bewußt sind. wir fühlen uns überfallen von erkenntnis, heimgesucht, besetzt. so versucht wasserfrau so lange das aufsteigen der regenbogenschlange zu verhindern, wie sie nicht weiß, wohin der imPuls führen wird. sie bleibt neutral, menschlich, scheinbar unberührt von den schmerzen und nöten der welt. wie in jeder noch so verzerrten bewegung ist auch in dieser 'neutralen' richtiges. sie versucht überblick zu erlangen über das ganze geschehen, damit sie die kraft der schlange nicht in plötzlichem zorn oder im schmerz nur auf einen ausschnitt der entwicklung lenkt.

aber anstelle in die tiefe zu tauchen und die unterirdischen bewegungen ins beWußtSein zu lassen, versucht sie von der höhe aus 'von sich als mensch abzusehen'. für die wasserfrau scheint es am dringendsten, die verbindung zwischen beWußtSein und körper, körperbeWußtSein herzustellen. sie sucht nach der 'intelligenten sexualität', um endlich berührbar zu sein und berühren zu können.

sie ist sich ihrer gefangenschaft schmerzhaft beWußt. im ringen um ihre freiheit des plötzlichen kreativen augenblicks, dieser beWegung, von der sie nicht sagen kann, wohin sie führt und ihrem wunsch nach kontinuität, bricht sie immer wieder unvermutet aus beziehungen aus. inmitten einer gesellschaft, die verbindungen als ehen als 'für immer' demonstriert, sucht sie nach der möglichkeit von beziehungen, kontinuität, berührbarkeit und tiefe, weite, ohne freiheitsentzug und einschläfernder beWußtlosigkeit, gewohnheit. ihre erkenntnis ist es, dass aus der welt und ihr, den freundinnen und ihr, in der berührung aller, Neues entsteht, neue kultur, neue gestalt erscheinen kann.

wasser

die ganze lange nacht.
das geräusch des wassers sagt,
was ich denke.
(godeiku)

das ruhende geht aus dem bewegten hervor. die wasserzeichen sind in einer sozialisation wie der unserem am schwersten stimmig zu leben. in ihnen löst sich die grenze zwischen ich und kollektiv am leichtesten auf. wenn wir bei den luftzeichen die spaltung unserer wahrnehmung, unseres bewusstseins erfahren, so ist es bei den wasserzeichen die verunsicherung, die verschwommenheit von kollektiv und individualtität, die uns unvereinbar scheint. wasser ängstigt uns am meisten von allen zeichen, weil wir in diesem element aufgefordert sind leere zu erfahren, konturlosigkeit, gestaltlosigkeit in einem individualisierten/sichtbaren sinn. wasser zwingt uns die philosophie des dualismus zu verlassen, wenn wir aus angst vor dem was hier tod/unsichtbarSein/ in die gefüllte leere tauchen nicht bewegungslos und starr werden wollen.

in einer gesellschaftstruktur in der stärke mit individueller abgegrenzter/isolierter persönlichkeit gleichgesetzt wird (jeder ist seines glückes schmied; eine frau, die ihren mann steht etc.) ist es nicht leicht, sich selbst einzugestehen, dass wir das kollektiv nötig haben. denn dieses eingeständnis wird mit schwäche gleichgesetzt. noch schwerer ist es, die erfahrungen jenseits dualer muster zu machen, die erfahrung, dass ich ganz IchBin, sobald ich in der lage bin, mich den kollektiven strömen ganz zu öffnen.

wir finden in dem paradox des wassers die gleichzeitige wahrnehmung des eigenen konzentriertenSeins im völligen gelöstSein, die gleichzeitigkeit gänzlich aus dem kollektiv/der wirkung zusammengesetzt zu Sein uund dadurch individuell zuSein. wir finden in der leere/der formlosigkeit/dem grenzenlosen raum die Fülle/die möglichkeit zur Form/die bewegenden grenzen, die uns in unserer gestalt hervorrufen.

die grenzen individualisierten andersSeins zu übertreten und alleIchzuSein im kern, ist unser tiefstes verMögen und beinhaltet die wurzel unserer frauenMacht.

die lust des wassers ist das erInnern, das wecken von form, das füllen des raumes. paradoxerweise kann das wasser bei aller eigenen ungeformtheit aus sich selbst heraus grenzen bilden. jedes wasser tut dies durch die eigene beWegung und die rythmen die diesem element innewohnen. der golfstrom und andere ozeanströme sind gute beispiele dafür. durch die eigene schlangenartige und spiralige bewegung begrenzt sich das wasser, vermischt sich nicht mit den wassern des atlantik. die formenden grenzflächen innerhalb der strömenden wasserbewegung sind die empfindlichsten wahrnehmungsorgane, die beeindruckbarsten, formhervorrufenden membranen, die wir kennen.

da wir in unserer wahrnehmung von entweder / oder gefangen sind und nur die weite und ungeformtheit von wasser erkennen, fürchten wir ihre auflösenden kräfte, ihre unbewußten strömungen, wie wir gelernt haben unseren tiefsten grund, die leere, die alles beherbergt, zu fürchten. wir denken nicht daran und spüren es nicht mehr, daß wasser uns formt.

wasser ist zeitlos wie das feuer und durch seine formkraft erInnernd, ist zärtliches erWachen in der zeit. zeitraum nicht in dem linearen sinn heutiger wahrnehmung, sondern in sinne einer landschaft, in der raum die leere bedeutet und die zeit, die durch den raum wandert, die form gibt, ist den wassern eigen. unsere angst vor der leere, die alles beinhaltet, die nicht Nichts ist, hält uns davon ab, rythmus von form und formlosigkeit / auflösung als beglückendes, sinnliches erLeben wahrzunehmen.

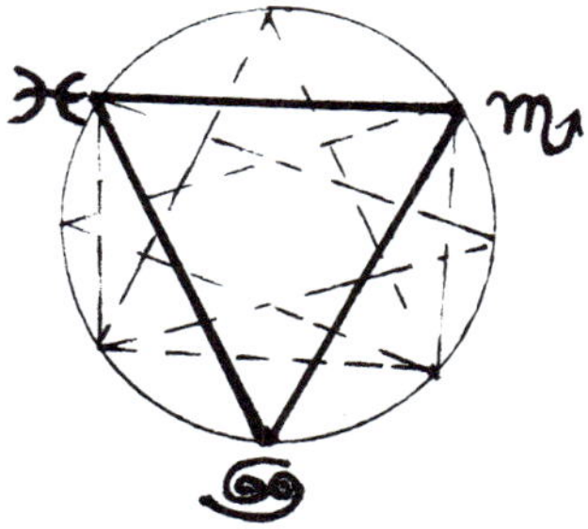

KREBS

birgt das sich formende erdwasser, die werdende, die junge, die weiße des wassertrigons

ihre elementare bewegung wandert vom licht in die dunkelheit, aus der höhe in die tiefe, den himmeln in die erde. ihre lust ist es, die erde zu formen, durch ihre bewegenden rythmen, die sie in und um die erde hüllt. sie birgt die werdende form, schwingt sich ein in ihren eigenen, unverwechselbaren rythmus und durchschwingt so gleichzeitig mit dem immerwährenden wissen, das sich in allem lebenden offenbart. sie ist die heimat, der Urgrund, das fruchtwasser, ihre wirbel und mäander, ihre rythmen und beWegungen geben form, konturieren. wirbel und beWegung setzen aber nicht nur die grenzen im raum, sondern auch die der zeit. durch sie beWegt sich die form, wandert aus dem bergenden wasser, ohne sich von dem Urgrund zu trennen, den es nun Selbst trägt, erInnert hat im eigenen, geformten körper.

krebs tut sich schwer, das, was sie geformt und geborgen hat, freizugeben, zu spüren, daß damit die verbindung, die gemeinsame heimat nicht verloren ist. sie ist, wie alle wasserzeichen, furchtsam, was ihre innere leere anbetrifft, fürchtet sich vor diesem leerSein und kann nicht mehr erkennen, daß die leere voller möglichkeiten ist für neue formprozesse. es ist die angst vor dem inneren nichts (eine illusion, viel mehr als gestalt illusion, maya sein kann), dem überFlüssigSein, dem nicht ausgeFülltSein, die krebs über die zeit hinaus festhalten läßt. wenn sie wieder lernt zu tauchen und ihr beWußtSein dahin mitzunehmen, wird sie den strom finden, der niemals versiegt, die leere, die genuß ist, mit den möglichkeiten zu spielen, die sie hat, neues zu formen aus dem gesetz des rythmus ihres eigenen wissens.

SKORPION

beWegt zur transFormation
feuriges wasser, die mittlere,
die rote, die Seiende
des wassertrigons

wenn krebs das wasser ist, das formt und birgt, so ist skorpion die sichSelbstformende, zu neuer schwingung, neuer gestalt transFormierende. ihre bewegung ist die horizontale, die sich selbst begehrende, in sich selbst eindringende lust. wir nehmen diese bewegung in unserer unwissenheit als depression wahr, weil wir die lust, dies sinnliche vergnügen am schöpfen aus der eigenen leere nicht gelernt haben, oder besser gesagt zu fürchten gelernt haben. das zärtliche erwachen unseres ahnens, dies antreten des erbe unserer ahninnen, das in unseren genen schlummert, das wir in unseren körpern wiedererInnern können, wird uns zur schmerzhaften kontraktion durch die verwechslung, der wir unterliegen. wie alle gesetzmäßigen bewegungen, die für den wandel und das leben in sichtbaren und unsichtbaren formen unabdingbar sind, machen wir diese bewegung, wenn auch, auf grund des mißverständnisses, mit schmerzen, angst und / oder depressiv.

eine gesetzmäßige beWegung, die sich nicht ausmerzen läßt ('Lösen müssen wir uns alle') bekommt fratzen und wird zu ungeheuerlichkeit pervertiert, aber ihre dynamik, ihr antrieb bleibt. so finden wir statt der bei angst, schmerz, depression zu erwartenden weigerung, die beWegung dann überhaupt zu machen, die antriebe lust am schmerz und das gefühl der intensität und lebendigkeit nur im leid zu erfahren. in skorpion können wir die ausmaße der verdrehungen patriarchalen denkens und Wahrnehmens deutlich erfahren. die lüge, 'das eine' als selbständige entität gegenüber 'dem anderen' zu sein, die um jeden preis aufrechterhalten werden muß, geht einher mit der angst, es eben nicht zu sein, in der nabelschnurlosigkeit vom weiblichen Urgrund dann in diese lüge, in das absolute nichts zu fallen, hat zu der verdrehung über leben, sprich form und Nichtleben, sprich formlosigkeit geführt. dort, wo einerseits an der form mit solcher panik festgehalten werden muß, wird sie auch gleichermaßen gehaßt.

wir frauen haben uns diese lügen aufschwatzen lassen, die mit uns nichts zu tun haben, die für uns illusion, verblendung sind und leben selbst nicht mehr, was unsere lust wäre. die lust uns zu wandeln und mit und durch unsere körperlichkeit unsere sinnlichkeit / sexualität zu wecken, zu erInnern, zu leben, mit, im, nach und vor dem tod, der lebendiges wandlungstor ist für alle formen.

FISCHE

trägt die ungeformte möglichkeit
luftiges wasser, die gewordene
die alte, die schwarze
des wassertrigons

fisches bewegung gleitet vom dunkel ins licht, von der formlosigkeit zur form, von der zeitlosigkeit in die zeit. fische ist ein ozean aus allem und nichts, in dem wir uns verloren fühlen können, oder uns wiegen in der schwerelosigkeit und der transparenz der noch nicht erfolgten, aber vorHandenen möglichkeit / jeder möglichkeit zur neuen schöpfung. fische ist die lautlosigkeit, die den neuen laut beinhaltet, der zum strahlenden neuen 'ich' werden kann.

so schwer es krebs ist, die form, mit der sie sich gefüllt hat, zur richtigen zeit freizugeben, so schwer erscheint es fische, sich selbst eine konkrete form zu geben. ihre angst ist nicht die erwartete leere sondern die möglichkeit mit 'fremdem' 'nicht-Ich' gefüllt zu werden. und da sie sich nie sicher ist, hat sie es schwer, ihr eigenes 'ich' zu finden und zu definieren, weil es sich ändern kann mit jeder neuen welle, jeder neuen inFormation. so besteht die ungewißheit, verstärkt durch die vorstellung 'ich muß anders sein als alle anderen', weiter.

wenn sie zu der beglückenden bewegung fähig ist, sich identisch, eins zu fühlen in dem tiefen schoß, dem urgrund des wassers mit allen möglichen erscheinungsformen, die sie wahrnehmen kann, dann ist es ihr auch möglich ihre ganz eigene form, die durch die bewegung des fischozeans in einem bestimmten zeitRaum entstanden ist, wahrzunehmen. für sie ist das vollständige körperbewußtsein, das ganzDaSein, ganzformSein die sicherste quelle ihrer lust, ganz geLöst zu sein, eins zu sein mit allen himmeln und allen erden.

nachdem wir uns alle zeichen in ihrer elementaren zuOrdnung angesehen haben, begonnen haben, sie zu beGreifen in ihrer elementaren lust und ihrem Schicksal während des zeitalters von mißverStändnis und zerRiß, wenden wir uns von neuem ihrem tanz zu. diesmal auf der ebene der drei qualitäten:

beweglich (cardinal)	— rythmus des herzschlags, initiantin, die alte, schwarze, energie des eisprungs, volle mondin, berührt den kern der schlafenden göttin, damit sie erwachen, erscheinen kann. sie initiiert in die form, in das sichtbare. ihre feste sind die sonnenwenden und die tag-und-nacht-gleichen.
fest (fix)	— rythmus des fließenden blutes, wandlerin, die rote, die mitte, energie der menstruation, unsichtbare mondin, sie ist die form, die erscheinung, und die darin schlafende. sie ist die sichtbarunSichtbare. ihre feste sind die sabbate.
veränderlich (labil)	— rythmus des atems, erneuerin, die weiße, die junge, energie des weges, halbmonde, sie ist der raum, in dem sich schlafendes und erwachtes bewegt. sie ist die spirale, die die fäden des netzes verbindet.

wenn wir uns den raum vorstellen, in dem sich diese qualitativen rythmen darstellen, so können wir sagen,

beweglich (cardinal)	ist die bewegende energie, die den raum durchwandert, in ihn hineinwandert, wie ein stein, der ins Wasser fällt.
fest (fix)	ist die bewegte energie, die im raum fließt, von innen nach außen, wie wellen, die sich durch einen steinwurf ausbreiten.
veränderlich (labil)	ist die durchwirkende kraft, die den raum durchzieht, der weg, den welle und stein nehmen.

die cardinalen zeichen verbinden sich mit den erdgeistern, um sich wirksam zu äussern. die mittlerinnen ihrer heilkräfte sind wurzeln, blätter, rinden und alle alten pflanzen wie schachtelhalme, brennessel und farne. die trommel ist ihr instrument, die stimme ihre zauberkraft.

die fixen zeichen verbinden sich mit den wassergeistern. ihre heilkräfte vermitteln sich über die früchte, vor allem über nachtschattengewächse. die flöte ist ihr instrument, ihre zauberkraft steckt im räucherwerk, den düften.

die veränderlichen zeichen verbinden sich mit den luftgeistern. ihre heilkräfte liegen in den blättern und samen. baldrianblüten verbinden sie besonders mit den cardinalen zeichen und stechapfelblüten mit den fixen. die leier ist ihr instrument, ihre zauberkraft steckt in den farben . die feuergeister durchziehen alle qualitäten und äußern sich im tanz.

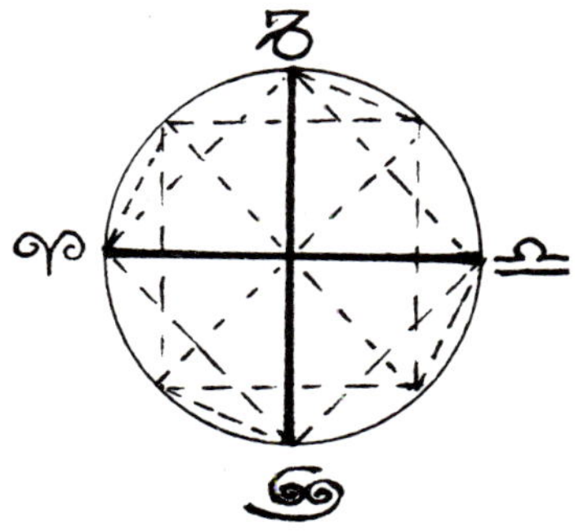

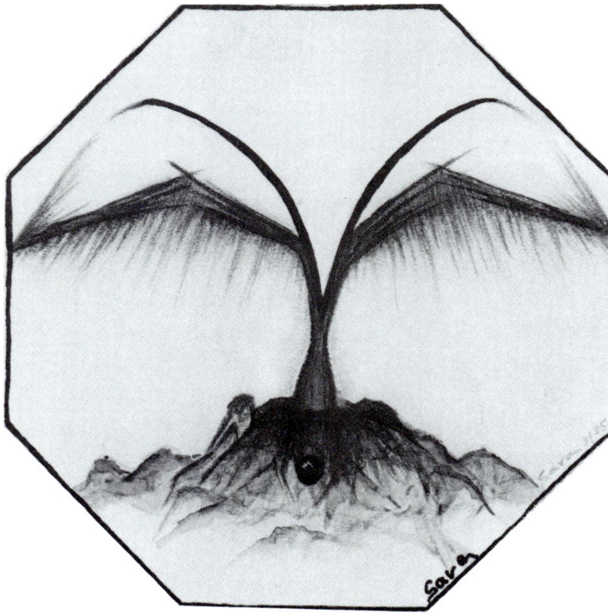

widder in ihrer initiatischen, cardinalen qualität bewegt sich von oben nach unten, von den himmeln in die erde. ihr feuer ist in diesem fall das kosmische feuer und erreicht die erde mit ihrem imPuls. sie ist die alte, die zärtlich und tief berührt, deren wildheit weit ist und ohne den zwang, sofort erleben zu müssen, sehen zu müssen, was sie initiiert hat. ihr wille ist liebe, und hat es nicht nötig zu bestimmen, was aus dem imPuls, den sie gibt, wird. die erdgeister erzählen ihr von der zeit der entfaltung, die wurzeln sagen ihr, daß nicht alles sichtbar ist, was lebt. der gesang ihrer eigenen stimme erzählt ihr, daß die worte und die melodie weiterwirken, auch wenn sie sie nicht mehr mit ihren äußeren ohren hört. ihre trommel lehrt sie, die geliebte in ihrem körper mit ihrer ganzen wildheit und kraft zu spüren.

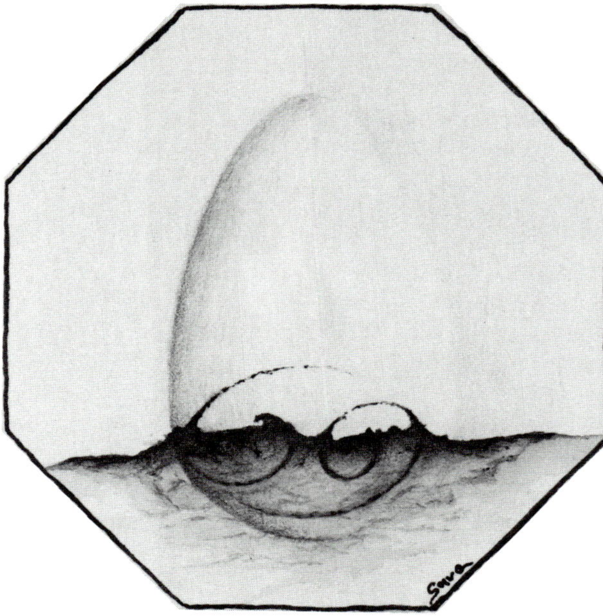

krebs in ihrer cardinalen qualität bewegt sich von unten aus den tiefen quellwassern nach oben in die irdischen bäche und flüsse. ihr wasser ist das klare wasser der quellen, das immer fließt und nie versiegt. sie ist die alte, die verTrauen weckt in die stetigkeit des fühlens, des fließens. ihre zärtlichkeit ist wie die quelle, sie führt zurück zum ursprung, in die heimat, erInnert tief in jeder zelle körpergefühl. die erdgeister erzählen ihr von der sichtbaren welt der ufer und ströme, bachläufe und von der kraft ihres freigelassenen wassers. die wurzeln stillen ihren durst in der quelle, so daß sie sie erkennt. ihr gesang sind die lieder des schlafes und die weit tragenden gesänge der nacht. der körper ihrer trommel lehrt sie den impuls ihrer eigenen hände in der schwingung des anderen leibes wieder zu erfahren und aufzunehmen, den entstandenen rythmus der geliebten zu spüren und in den eigenen adern singen zu lassen.

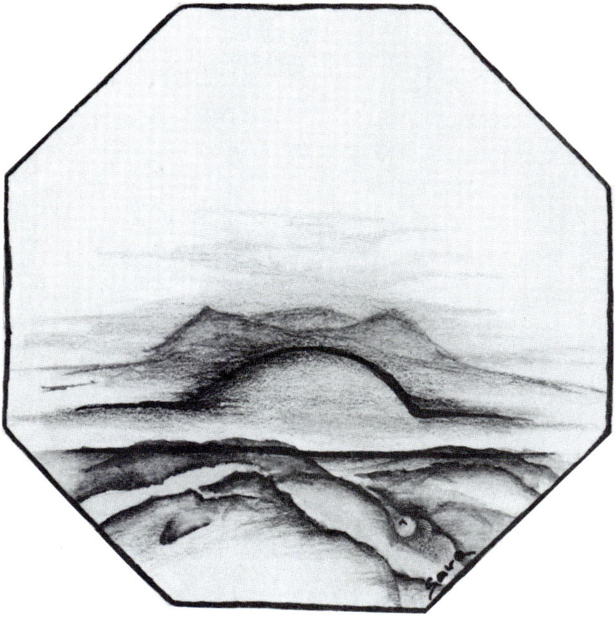

waage in ihrer initiantischen kraft bewegt sich in der horizontalen. wie die winde ergreift sie, berührt den kern, sieht sich selbst im spiegel der anderen frau und ist ihr spiegel. ihr imPuls läßt in der geliebten neue möglichkeiten des ausdrucks aufsteigen, sie erinnert sie an gesichter und gestalten, die sie vergessen hatte in sich. ihre liebe ist wie wind, streicht über jedes blatt, berührt jede erscheinung, wird jedem gesicht der geliebten gerecht. Die Erdgeister öffnen ihr die Tore in die Zeit. sie ist die alte, deren rache / recht in ihrer stimme liegt, die bis zur schlafenden namenlosen vordringt und ihr den einen namen zuflüstert, in dem sie alle gesichter wiederfindet. ihre sprache ist die sprache ihrer hände auf der haut, durch die der körper ihrer trommel, der körper der geliebten, in schwingung gerät und sich erinnert an ihr eigenes gesetz.

steinziege in ihrer initiierenden kraft bewegt sich vom erdkern in die sichtbare welt. sie hilft, das innerste durchscheinend zu machen, transparent, berührbar, klar. sie lehrt die allen erscheinungen innewohnende form hervortreten zu lassen. steinziege berührt den wahren namen und ruft die geliebte mit ihm, damit sie sich erinnert an das zentrum des mosaiks, das sie ist, und ihre beRufung in der zeit des sichtbarSeins erwachen lassen kann. die wurzeln der pflanzen erinnern sie an das Wesen der erscheinungswelt. ihre stimme ist das hohe lachen der alten, deren töne im eigenen mark widerhallen. ihre liebe ist ihre langMut und ihr humor und ihre zärtlichkeit für die zeit. ihre hände auf der trommel lösen versteinerte Sinnlichkeit. Ihr Rufen liegt in der Festigkeit ihrer Hände, deren Kraft bis in die Knochen der Geliebten strömt.

die ***fixen*** zeichen sind in ihrer qualität schwer für uns zu fassen. die wandlung, der zauber vollzieht sich nicht wie das spiel mit dem kaninchen aus dem hut. im sichtbaren bereich bleiben diese zeichen so unveränderlich, so fest, wie sie genannt werden. ihre kraft, ihr vermögen liegt im bereich des ahnens, der schwingung, die ruhend vorhandenes freisetzt. ihre sprache ist für das äußere ohr nicht hörbar. ihre wirkungsweise liegt im bereich des ahnens, der ahnin, des erbes, das sich entfaltet. sie wecken neue erfahrungen, alte erInnerungen, erweitern beWußtSein, befreien von unWissenheit. durch sie schwingt botschaft in die welt, unsichtbar und doch erfaßbar, begreifbar.
in ihnen wirkt die kraft unserer menstruellen energie. das wissen um diese kraft und ihre Wirkungsweise ist uns zutiefst verloren gegangen. es ist die kraft der lösenden zauberin, die das tor ist in alle beWußtSeinsbeReiche. sie verändert die qualität des mordens in die liebende qualität des tötens, des wandelns, das nicht ins endGültige Nichts führt, sondern in die beWegung, den mut diese grenzüberschreitende kraft wieder zu erInnern, brauchen wir. jenseits der angst, wir würden s o nur die machtverhältnisse umkehren. jenseits der angst vor dem vorwurf des biologismus.

den mut des tastens, des wagens, über die grenzen des erlaubten hinauszudenken, zu fühlen und zu handeln brauchen wir. durch unsere frauenkörper zieht der rote faden des erneuernden erbes. und wir finden den rat und das wissen um diese kraft wieder durch die tastende, wagnisreiche berührung mit unserer frauenSinnlichkeit, finden sie wieder im eigenen körper und durch die erfahrung der Sinnlichkeit und erotik mit anderen frauen.

stier in ihrer wandelnden qualität läßt ihre botschaft wie warmen regen über die erde gleiten, bis sie sich entfaltet, ihre gerüche ausströmt, ihr begehren offenbart. ihr regen, warm und zärtlich, der durch jede pore dringt, löst aus dem jungen leib die erinnerung an die alte, weise, die ihrem körpergefühl nachgehen kann, wissend und erfühlend zugleich. stier läßt das neue leben ahnen. ihre flöte spielt die lockenden weisen des begehrens, und ihre düfte sind die düfte von flieder und schweren betörenden gerüchen über feuchtwarmen wiesen.

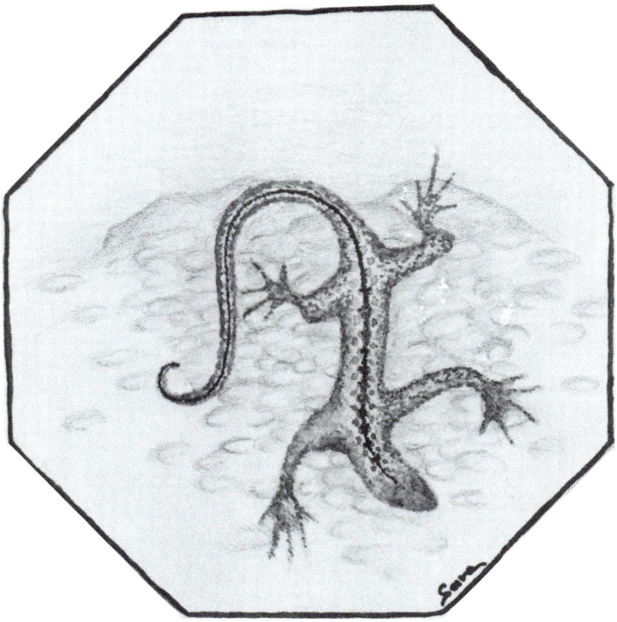

löwe breitet ihre botschaft aus, in der flirrenden hitze, die über der erde tanzt. sie ballt die feuchtigkeit, die sie aus der erde holt, zu erfrischenden gewitterregen, die in ihrem klärenden gelächter zurückgeben, was sie genommen haben. ihre kraft ist zwingend ohne willkürlich zu sein. ihr licht hat die intensität vorzudringen bis in den kern, die sichtbare fülle zum reifen zu bringen und als samen auf die erde fallen zu lassen.

sie ist die todbringerin, die zum weiterleben, zur rückkehr zu sich Selbst zwingt. sie begehrt sich Selbst und lehrt uns diese vergessene macht, durch die mitTeilung, die sie uns von sich Selbst gibt. »mitgeteilter Selbstbezug« nennt es audré lorde in ihrem essay über lesbische liebe »vom nutzen der erotik / erotik als macht«.*

löwe ist die ahnin, die für das weiterleben ihres erbes sorgt. ihre gerüche sind die gerüche eines frauenkörpers nach der liebe an einem heißen nachmittag, wie wilder thymian, der sich verströmt. das lied ihrer flöte, hoch und weittragend, stimmt ein in das zirpen der zykaden und das seidige geräusch von salamandern, die über heiße steine huschen.

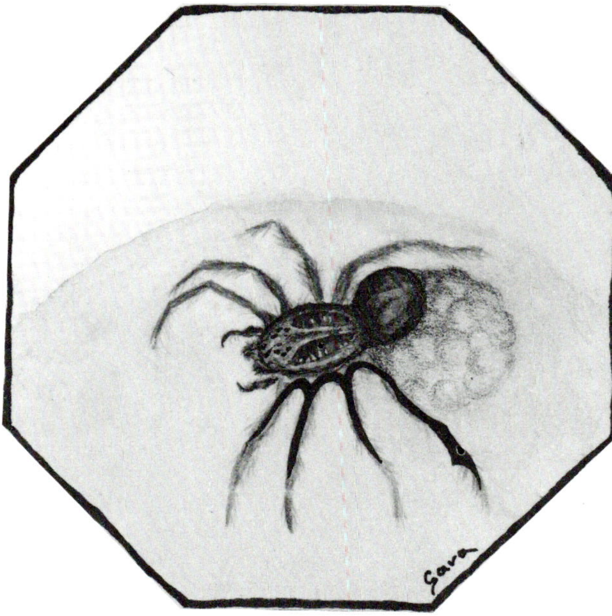

skorpion teilt ihre botschaft durch die nebel mit. sie wandert über die nackte erde. in den nebeln, die mit und um sie wandern, läßt sie tausend gesichter und möglichkeiten aufblitzen, die lachend wieder verschwinden, ungreifbar, unfaßbar und doch streifen sie die erde, flüstern, locken in die tiefe, wo neues leben entsteht, neue formen sich aus den nebeln bilden. nebel und leben sind die spiegelbilder skorpions, ihr gelächter hinter vorgehaltener hand. sie, die zum suchen einläd, lockend und führend und deren wildheit nackt und durchsichtig ist wie schwarzer obsidian. das lied ihrer flöte ist das lachen der nebelgeister, und der geruch ihrer haut ist der von späten kartoffelfeuern. ihr weg zu sich selbst durch die nebel ist der weg ihres inneren feuers, das sie in sich spürt, beständig. skorpion ist die erbin, die ihren ahninnen, ihren ahnungen folgt.

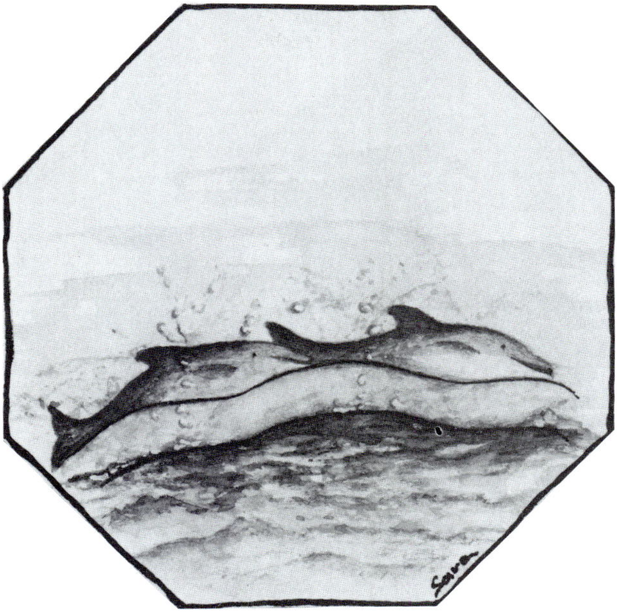

in **wasserfrau** lebt das erbe der ahninnen, kehrt zurück aus allen richtungen. ihre botschaft formt sich im anbrechenden licht des tages. in ihr rollt sich die regenbogenschlange auf. in ihrem erwachenden körper spürt sie das wissen der alten frau, die ihr geschenkt hat, was sie Selbst weiß. in der plötzlichkeit des hellen wintermorgens erfaßt sie ihre wahre gestalt. aus ihrer flöte bricht der schrei der falkin hervor, bevor sie im freien flug zur erde stürzt und spielt zugleich mit unendlicher sanftMut die töne von schlangenhaut, raschelnd und rythmisch im tanz. ihr geruch ist der geruch der jungen erde, wenn sie aufbricht im ersten licht der sonne, dampfende wärme verströmend, die unter dem schnee verborgen war.

was hindert mich den tanz zu tanzen
jana mit den zwei gesichtern
wechselnd im mondenlicht
wie kann ich ihn tanzen im dreivierteltakt
ganz allein
ich bin die hirschkuh und ihre jägerin
ich bin die gehörnte, der ich mich hingebe
und der fraß für die fressende bin ich
ist es der mangel an mut für eine ewige sekunde so
unermeßlich einsam zu sein
der mich den immerwährenden mord an meiner wahren
gestalt begehen lässt
oder die furcht,
ich könnte dein erschrecken noch weniger ertragen
als mein tägliches verleugnen.
die größte sehnsucht meines lebens,
mich zu zeigen in diesem tanz
liegt in den starken armen meiner jahrtausendealten angst.
wie kann ich tanzen,
wenn ich mir selbst die hand vor die augen lege,
um nicht zu sehen wohin die blutspur führt jeden
monat,
die die naht ist zwischen den welten und köpfen
die in jede richtung zeigen
jana diana inanah steht mir bei, wenn ich die hand von
den augen nehme, und zu tanzen beginne.

bei den ***veränderlichen*** zeichen wenden wir uns als erstes den hilfreichen geistern zu, denen sie verbunden sind. denn durch sie können wir am besten begreifen, welche kraft, welche magie in den erneuerinnen liegt. noch einmal ist es wichtig, uns ins gedächtnis zu rufen, daß sich klang, schwingung in den lüften viermal langsamer fortbewegt als im wasser. luft, so schnell und so veränderlich, so unstet und unzuverlässig sie uns erscheinen mag, ist ein medium, das zeit braucht, bis sich das, was es trägt,entfalten kann. atem ist die bewegung, die uns aus der gespaltenheit von innen und außen, dunkel und hell nimmt und uns zur gleichzeitigkeit führt, zur hellen dunkelheit und zum dunklen licht. atem, das medium der veränderlichen zeichen ist uns initiationsweg. seit langem haben wir den rat entbehrt, der in dem bewußten wandern des weges liegt, in der beWegung, die wir bewußt Wahrnehmen, spüren und begreifen können. wir »verlieren« freundinnen, weil wir den faden nicht spüren, der lose durch die zeiträume schwebt und jederzeit / zur stimmigen zeit deutlich werden kann;

wir sprechen vom »kleinen tod« im orgasmus, weil wir einen teil unserer selbst aus dem beWußtSein verlieren, wenn wir unsere aufmerksamkeit auf einen punkt richten; wir erleben »plötzliche« veränderungen, weil wir der anBahnung, den vorzeichen, keinen wert und keine aufmerksamkeit schenken.

wenn wir uns erlauben, wenn wir den mut haben, langsam zu atmen, bis wir unseren körper in jeder situation spüren können, wenn wir nichts »taub« sein lassen, erleben wir nicht nur verbindung zwischen, sondern Sind sichtbar und unsichtbar, erscheinung und gestalt.

durch das medium der veränderlichen zeichen trägt die cardinale energie ihren imPuls zu den festen zeichen und die festen lassen ihre kraft zu den cardinalen fließen. die veränderlichen zeichen spüren beide energien gleichzeitig. sie Sind beide gleichzeitig durch die immerfortwährende beWegung, die wir langsam und glücklich immer beWußter zu machen im stande sind.

ohne diese BeWegtheit, ohne dies medium, das den raum erfüllt und die fäden des netzes in die zeit holt, oder in der zeitlosigkeit schwingen läßt, verhärtet sich die cardinale energie zur doktrinären alten. sie wird zur lehrerin, die die andere nach ihrer vorstellung bilden will und die versucht auszumerzen, was ihr nicht gefällt. sie hat mit der landläufigen vorstellung von der starken, mächtigen frau zu tun. sie ist die eroberin, die eifersüchtig ihre freundin bewacht und »etwas aus ihr machen will«.

die energie der fixen zeichen äußert ihre fratzen in der mitreißenden verFührung zur entÄußerung. sie bedient sich der sehnSucht nach gemeinschaft und fordert zum »aufgehen in der Gruppe« auf, zur ekstatischen anbetung der göttin außerhalb des eigenen Seins.

in ihr finden wir die hingegebene, sehnSüchtige, die von der anderen erfüllte, die sie nicht loslassen kann, weil sie sich sonst leer und Sinnlos vorkommt. in ihr finden wir die scheinbar »schwache«, ohnmächtige.

wenn wir weiter gehen und patriarchale, negativ transformierte kräfte überhaupt betrachten, so zeigen die cardinalen kräfte die möglichkeit zur perversion der formgebenden kräfte, den zwang zur unterwerfung unter den »einen herrschenden willen« und den zwang zur konformität. sie beinhalten in dieser abgespaltenen, doktrinären art das materialistische modell, das leben nur in äußerlich sichtbaren Formen zuläßt und definiert. ihre angst vor der dunkelheit führt zum töten der drachin, führt zu hexenprozessen und exorzismen. in dieser kraft finden wir den glauben an den »gerechten« kampf des lichtes gegen die dunkelheit.

betrachten wir die fixen kräfte in ihrer patriarchalen verkrümmung, so finden wir psychische deFormationen, wie massenhysterien, die zu euthanasie- und ausrottungsrechtfertigungen führen, wie wir sie zum Beispiel im hitler-regime erlebt haben. hier ist es die dunkelheit, die sich weiter und weiter verdichtet, bis sie zu der fratze, dem ungeheuer wird, die dann als drachen, als minotaurus erscheint in ihrer unberechenbaren, gefangenen, wütenden gewalttätigkeit. Sie zu morden ist für die »Lichtträger« »heiliges Recht«.

die veränderlichen zeichen tragen in diesem dualismus die energie der inFormation des drachenkampfes. Sie sind trägerin des kampfes zwischen dunkelheit und licht, dienerinnen beider herren, sowohl des licht mordenden ritters, als auch des dunklen monströsen drachens.

in ihrer hilflosigkeit versuchen sie sich zu entScheiden und perpetuieren dadurch den dualismus, den kampf. da sie aber als einzige in diesem spiel nicht in der lage sind, in die raserei der ausrottung (von welcher seite auch immer) zu verfallen, da sie beides gleichzeitig tragen und sich so erInnern, daß sie sich auf diese weise immer Selbst ermorden, einen teil ihrer Selbst opfern, ringen sie um lösung. der erste, erleichternde, aber noch hilflose schritt ist, die polarität von licht und dunkelheit zu akzeptieren, die bedingtheitsphilosophie von yin und yang einzuführen. in diesem befriedungsversuch liegt bereits eine möglichkeit des aufatmens, das verstehen und damit die liebe z w i s c h e n zwei geTrennte, sich beDingende Seinszustände zu schieben und ihrer gegenseitigen ausrottungstendenz ein ende zu machen. es erscheint wie eine atempause, bevor der nächste schritt getan werden kann, vorzudringen zur wahrnehmung der ungeteilten, integrativen erfahrung des dunklen lichts und lichter dunkelheit, diese Wahrnehmung ist theoretisches denkmodell in der heterogenen welt von mann und frau und praktiziertes leben in der sinnlichen konkreten erfahrung von sich liebenden frauen.

aus dieser erfahrung heraus finden wir in den veränderlichen zeichen den drehpunkt für das wiedererInnern und die möglichkeit zur äußerung integrativer, durchscheinender wirklichkeit.

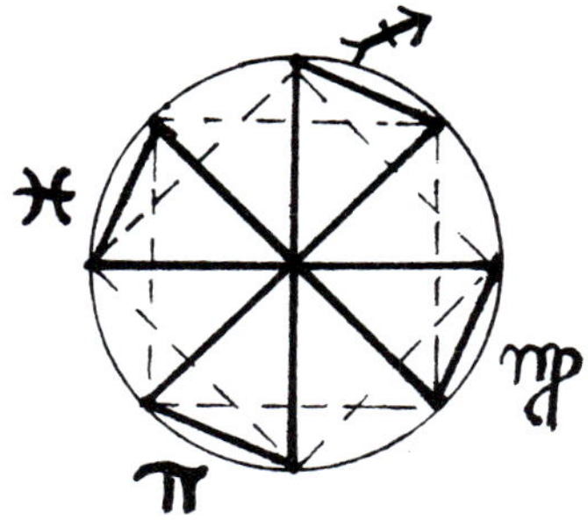

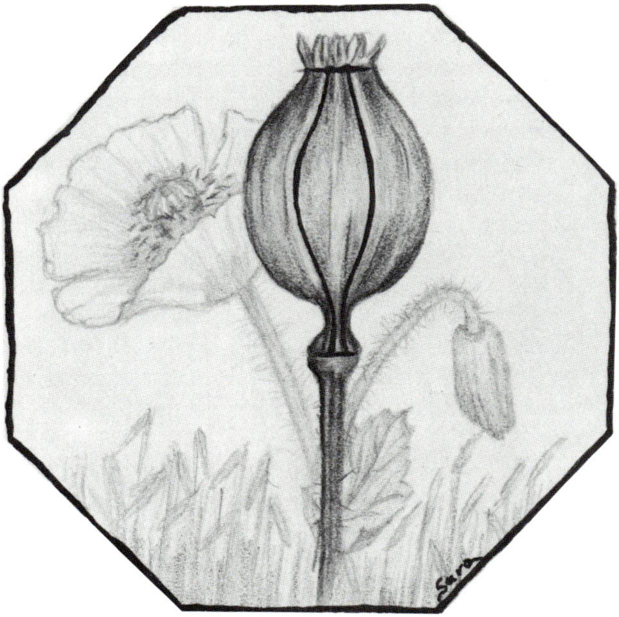

in **zwilling** verSuchen wir über die polare wahrnehmungsmöglichkeit hinauszuwandern. in ihr erkennen wir das zeichen, mit dem wir die gestaltidee, die verlorene, ungenannte möglichkeit unseres unverletzten, nicht zerrissenen wesens jenseits androgyner modelle finden können.

wir erleben in zwilling die freiheit des lösens, die erlaubnis, vielfältig zu Sein. zwilling findet sich in allen erscheinungen wieder, in all den blüten und pflanzen des frühen sommers, in den weißen und gelben feldern und den beginnenden färbungen von violet, blau und flieder. ihr atem führt den blütenstaub, die botschaft für neues leben. für unser auge fast unsichtbar treibt sie die botschaft der blüten in die stratosphäre, wo sie sich zu dichten wolken ballt, von der erde in alle himmel wandert, um zu erzählen von den vielfältigen formen der entfaltung aus dem einen grund, dem einen boden. ihre ideen, ihr blütenstaub steigt auf, wandert durch die luft, fliegt an uns vorbei, streift uns, läßt sich aufnehmen, zwanglos, verdichtet sich in den himmeln, gibt kunde von der welt. die töne ihrer leier tragen ihre botschaften weit hinaus, spannen bögen von welt zu welt. ihre geliebte berührt sie mit ihrer leichtigkeit, mit ihren schmetterlingsflügeln.

sie fordert auf in die eigene weite zu wandern, in die eigenen spiele von möglichkeiten und ideen. zwilling ist davon selbst inspiriert, tanzt, freut sich an den neuen erscheinungen, die sie in ihrem körper wahrnimmt, die ihr zufliegen, die ihr entspriessen. für sie liegt sinnliches vergnügen in dem wissen, daß nichts verloren geht, keine idee, keine freundin, keine erinnerung, kein impuls. auch dann nicht, wenn die idee nicht manifest wird, die freundin nicht jeden tag greifbar, die erInnerung nicht erwacht und der imPuls noch immer unbeantwortet bleibt. sie hat die freiheit ohne zwingenden grund leichtsinnig zu sein und kennt den unterschied (auch aus der eigenen prüfenden angst heraus) zwischen oberflächlichem und leichtSinnigem Sein.

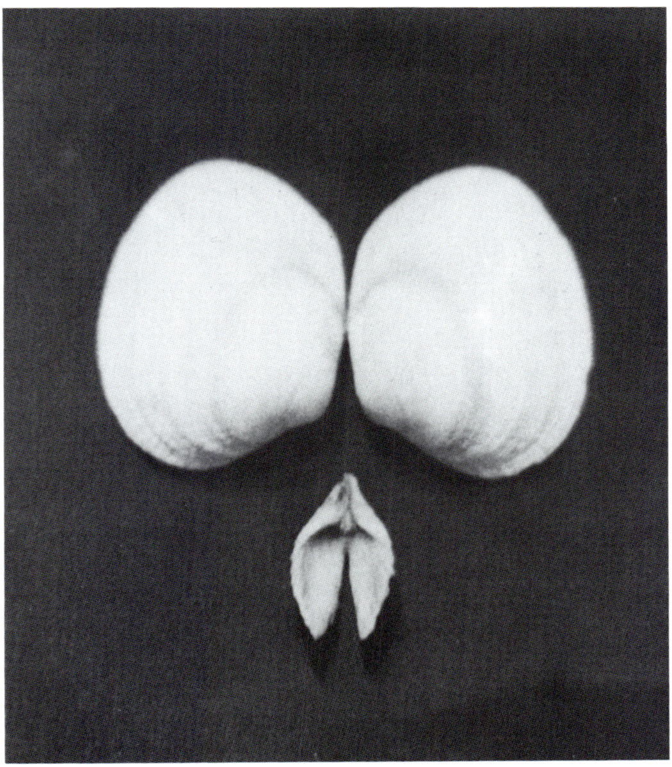

in **jungfrau** versuchen wir über die grenzen der dominierenden polaren struktur hinauszuwachsen. in ihr beginnen wir eine schwingung, ein feld wiederzuerInnern, das jenseits dieses sich bedingenden heteroprinzips liegt.

jungfrau taucht ein in strukturen, in die grundlegende architektur von zeiten und räumen, in ihr reift frucht und erkenntnis. sie birgt erste samen bis ins neue, erblühende jahr. sie liebt die verblassenden farben des sommers, die erde in ihren rötlich braunen färbungen, das wilde rostrot von astern und das matte grün des laubes im spätsommer. ihre leier spielt die rythmen des erntetanzes.

sie drückt die freude am fruchtbaren imPuls und an der gelungenen frucht aus. ihr lied erzählt von der ruhe, der sie sich hingeben kann, durch die vorsorge, die sie getroffen hat. ihr körper ist ihr seismograph für die schwingungen, töne und beWegungen, die sie wahrnimmt. glück ist für sie, zu spüren, wie sich ein mosaik aus ideen, gesammelt in vielen zeiten und räumen, langsam zu einem bild, einem Ganzen zusammensetzt. freude fühlt sie bei der begegnung von frauen, zur richtigen zeit, am richtigen ort, die sich befruchten und wieder ihrer wege gehen. in das spiel mit der geliebten taucht sie ein, wie in ein neues, unbekanntes lied, folgt ihr, gleitet mit ihr im flug, bis sie sie erkennt, in ihren körper schwingen fühlt. zärtlich erzählt sie ihr von rythmen der begegnung und des lösens, damit sich entfalten kann, was sie erlnnert hat, erfahren hat in ihrem körper. der geliebten rythmus atmet sie, bis sie in ihr die vertraute fremde findet und sich dabei Selbst begegnet. immer aber bleibt die vertraute auch eine fremde*, die wieder und wieder neu erkannt, neu erzählt werden will.

in **schütze** verSuchen wir jenseits der scheinbaren letzten wahrheit aller glaubenswege und philosophischen richtungen die heimat zu finden, hinter polarität, jenseits von irrwegen, im tiefen gegenseitigen vertrauen aller wege, die zur quelle führen.

schütze in ihrer lebendigen wirklichkeit ist nicht zu begreifen, wenn wir uns nicht dem verständnis der worte und inhalte von »glauben« und »vertrauen« zuwenden. wir haben gelernt »etwas« zu glauben, einem glauben anzuhängen, gläubig zu sein. im laufe der zeit haben wir als feministinnen erfahren, daß wir in allen patriarchalen glaubensrichtungen (und seien sie noch so sehr mit göttinnen bestückt) entwurzelt sind, heimatlos, verloren.

suchende wird schütze genannt, eine, die von land zu land reist, von philosophie zu philosophie, von glaube zu glaube. aber wir in unserer schütze(schutz)haut, wir sind nicht gut beraten auf dieser reise. kein land ist uns heimat auf dieser welt, kein glaube führt uns zu unseren wurzeln, und keine philosophie bringt uns die würde und die lebendigkeit, nach der wir hungrig sind, nahe.

niemand hat uns gelehrt uns Selbst zu glauben, in uns zu hören, was unsere eigene wahrheit ist, unseren körpern zu vertrauen, die eigene quelle zu sein. und wenn wir uns endlich uns Selbst zuwenden und uns glauben wollen, finden wir den mangel an vertrauen in uns Selbst, finden wir das große mißtrauen. in die irre haben wir uns leiten lassen, taub ist unser körper darüber geworden vor schmerz, ratlos sind wir gegenseitig. unausgesprochen, unbenannt ist die quelle, die wir Wirklich sind. und so ist schütze die suchende geworden, rastlos, ohne vertrauen, ohne glauben, ohne die pulsierende nabelschnur. ihr labyrinth, ihr initiationsweg ist zum irrgarten geworden, wo jeder weg gangbar ist, aber nicht dorthin führt, wo sie ausatmen kann, sich beheimatet* fühlen kann.

und dennoch suchen wir in schütze nach der einen quelle, wurzel, nach dem kern, aus dem alle vielfalt sich bewegt, kommen der namenlosen in uns näher und näher. in schütze finden wir die kraft, die eins wird mit dem pferd, das sie reitet, eins mit dem pfeil, den sie fliegen läßt, eins mit der frau, die sie liebt, mit dem land, das sie unter den fußsohlen spürt, mit dem sturm, der über die felder jagt, und die sich dennoch nicht verliert. ihre farben sind die wildaufflammenden rottöne des späten herbstes, und die braun und grautöne der ersten wintertage, wenn die welt verschwimmt in den nebeln und den stürmen, bevor sie in schweigen sinkt. sie ist die geschichtenerzählerin, die visionen von frauendörfern und einer kultur heraufbeschwört, die anderen gesetzen unterliegt, die besagen, daß die
töchter die bräute der mütter sind
und dann die bräute füreinander.

bis an die grenze meines reiches wandere ich.
tief innen fließt das blut des erneuerns.
weit hinaus wandere ich.
mit dem roten faden flechte ich wissen in die worte,
die wiederhallen in unseren körpern.
geflügelt ist mein pferd, das ich bin.
meine leier sirrt, immer, immer dem ziel entgegen.
das ziel bin ich in meiner wahren gestalt.
oh, höre auf, so schnell zu drehen, damit ich die
äonen atmen kann, die unseren wegen geRecht werden.
so treffe ich mich und dich, heimat.
würde leihe ich der gestalt, die sich verändert,*
die in tausend gesichtern zu finden ist und nirgends.
hinab in das warme dunkel,
wo sich lautlos das wort entfaltet,
hinauf in das kühle hell,
wo ich aus jedem mund die wahrheit höre fliege ich,
*habe ich fliegen gelernt aus der quelle.**

in der **fischen** verSuchen wir uns dem zuHause hinzugeben, verSuchen den augenblick der formlosigkeit zu atmen. wir wiegen uns in dem moment der stille, der bewegten leere. noch immer, während des zaghaften beginns von vertrauen, tasten wir grenzen von angst und atemlosigkeit ab, erschrecken wir wieder, weil wir des weges noch nicht sicher sind, der uns zu neuen formen führt. aber wir wagen uns weiter und weiter vor, bis die not und die ratlosigkeit enden, bis sich not in ton wandeln kann und den weg freigibt zu der gestalt, die namenlos in den räumen nahe unserer zeit schwebt und auf den ruf wartet, in unseren körpern, den laut, der ihr name ist, durch den sie erwacht.

fische ist atem des wassers, rythmus, der in die leere wandert. ihre bewegung ist es, die klang und struktur in die stille bringt. ihre farben sind die blau- und grüntöne des meeres in den frühjahrsstürmen. auf ihrer leier spielt sie das lied des lösens und bindens, an einem ort zur selben zeit. wenn sie die geliebte berührt, erfährt auch sie einen augenblick der ungewißheit, wer sie sein wird, wenn sie emportaucht aus der lösenden festigkeit der umarmung.

DIE PLANETEN

SONNE

Ich bin die Ur-Alte,

sagte sie

und tanzte wie ein Kind.

Versuche ich die Energien der Sonne zu beschreiben, so muß ich mir die Frage stellen, wie ich meine eigene, persönliche Sonne in meinem Horoskop erlebe?

Meist gar nicht! Ich habe sie in mein zwölftes Haus verbannt, als vorletzte Planetenkraft meines Zodiaks.

Was bedeutet das? Will ich mit Lebensfreude, Lebenslust nichts zu tun haben? Habe ich Angst vor dieser gewaltigen Energie? Wenn ich real in die Sonne schaue, dann fühle ich mich erstmal geblendet, nur ganz allmählich kann ich mich an das helle Strahlen gewöhnen. Und liege ich ohne Gewöhnung in der Sonne, dann bekomme ich einen Sonnenbrand.

Was sind das für Energien, die dieser gleissende Ball trägt? In der Natur werden diese Strahlen für das Wachstum dringend benötigt, und ich selbst fühle mich wohler, wenn die Sonne scheint. Wenn ich ihre Wärme spüre, fühle ich mich wie umgewandelt. Offener, leichter, kindlicher, einfach lebendiger. Plötzlich spüre ich mich selbst deutlicher und klarer, spüre meine Kräfte meine Fähigkeiten, meine Sinnlichkeit.

Betrachte ich diese Veränderung genauer, läßt sich erkennen, daß die Sonne unseres Systems Umwandlungskräfte trägt. Sie hat die Fähigkeit, Strukturen zu »verbrennen«, und zwar materiell so zu verändern, daß sie sinnlich wahrnehmbar werden. Ihre sprühende Vitalität, ihre scheinbar schnelle, spiralige Bewegung, benötigt sie, um aus ihrem dunklen Kern heraus, gepaart mit der Vielfalt ihrer Helligkeit, ihres Strahlens, den Anfangsimpuls zu geben, der das Kern-Gesetz der Ur-Alten aktiviert, das Umwandlung erzeugt.

Als diese Ur-Alte weiß sie um die Balance zwischen Ruhe und Bewegung, zwischen All-Ein-Sein und dem Kollektiv, und kennt in sich die Energien und Kräfte, die wir heutzutage an die Männer abgegeben haben.

Im Laufe der gesamten Entwicklung wurden der Sonne die unterschiedlichsten Merkmale und Fähigkeiten zugeschrieben, wodurch sie sich mehr und mehr von ihrer ureigensten Seins-Form entfernte. Ihre Fähigkeit, sich in anderen zu verströmen und gleichzeitig die anderen in sich verströmen zu lassen, ist längst einem einseitigen sich Ver-strahlen gewichen. Ihre Ausgewogenheit zwischen Individuum und Kollektiv hat sich verloren. Hier und heute liebt sie ihr Strahlen, ihre Spiegelung in den anderen und genießt die dadurch entstehende Bewunderung, ohne sich die darin liegenden Gefahren bewußt zu machen.

Durch ihre Möglichkeit, zu blenden und zu »verbrennen«, verhindert sie bei sich und anderen Kernberührungen, die Umwandlungen zur Folge hätten. In dieser Verhinderung von Kernberührungen liegt auch Stimmigkeit. Wie jede von uns befindet sich auch die Sonne auf dem Weg des Wandelns, und gerade dabei wird das tanzende Kind sichtbar. Mit viel Liebe zu sich selbst hat sie diesen Weg begonnen. Spaß, Freude und Neugierde begleiten ihre Schritte. Kindlich offen nimmt sie neue Erfahrungen auf, um leicht und spielerisch damit umzugehen. Ihr altes Netz der Verbindung zu den anderen Planetenkräften wird neu von ihr gesponnen, ihr ICH BIN ICH dadurch in einen Gesamtzusammenhang eingewoben. Trotz aller, zum Teil überschießender, Vitalität versucht sie sich langsam und vorsichtig von den landläufigen und althergebrachten Zuschreibungen zu befreien, um zu ihren Wurzeln zurückzufinden, die ihre Zukunft beinhalten.

ANALOGIEN

astrologisches Symbol:	☉
Tierkreiszeichen:	Löwe
Element:	energie- und lebenspendendes Feuer
Zahl:	1
Farbe:	gold, orange-gelb
Göttin:	Sachmet (ägypt.), Hathor (ägypt.), Assiniboin (indianisch), Cybele
Tarot:	XIX sun
Edelstein:	Diamant, Sonnenstein (Plagioklas)
Metall:	Gold
Baum:	Esche, Palme
Heilpflanze:	Roter Fingerhut (Digitalis purpurea), Sonnenblume
geometrische Form:	Elypse
Chakra:	Sonnengeflecht
Körper:	Herz, Kreislauf
Tier:	Löwe, Skarabäus
Wochentag:	Sonntag
Getreide:	Weizen
Bewegung:	dreidimensional

MERKUR

»Du hältst viel von mir —

doch du hälst mich nicht

deshalb — nur deshalb

kann ich auch bleiben.«

Ingrid A. Mau

(aus »lebenskalender '82«)

Merkur steht nahe der Sonne. Sie ist die schnellste der Planetinnen; in schon 88 Tagen durchmißt sie ihren Kreis um die Sonne. Merkur ist nicht viel größer als die Mondin. Die Drehung um ihre eigene Achse ist gegenüber jener der Erde sehr langsam und beträgt 58,7 Tage. Wegen der großen Sonnennähe erhält Merkur etwa 8mal mehr Licht und Wärme als die Erde. Auf der Tagseite sind die Temperaturen deshalb sehr hoch (zwischen 300 und 400 Grad Celsius), während sie auf der Nachtseite bis mindestens - 200 Grad absinken. Eine Nacht auf Merkur ist so lang wie circa 30 Erdentage.

Wegen der großen Sonnennähe kann Merkur nur selten am Himmel gesehen werden. Meistens wird sie von der Sonne überstrahlt. Manchmal jedoch, wenn Merkur auf ihrer Umlaufbahn die »Punkte« erreicht hat, die am weitesten von der Sonne entfernt liegen, können wir Merkur am Abend-, bzw. Morgenhimmel sehen. Sie ist dann — nur in der Zeit des Sonnenauf- bzw. unterganges — als blasser, kleiner Stern irgendwo am Rande des Abend- (Morgen-)Rotes zu finden.

Merkur ist der Verstand; die Art, wie jede denkt, be-greift, ver-steht, ist Merkur. Die Auffassungsgabe, die Fähigkeit, logisch und auch abstrakt denken zu können, das Strukturieren, sind merkurische Gaben. Aber auch das vielfältige, gleichzeitig mehrschichtige Denken ist typisch merkurisch.

Merkur kann die Elemente kontrollieren. Merkur ist Luft, in der alles enthalten ist. Sie ist die Magierin, die die Elemente spielerisch handhabt. Sie ist Schwingung.

Vor allem jedoch ist Merkur Kommunikation. Damit ist keineswegs nur das Reden gemeint, worauf Merkur (oder auch die Kommunikation) oft reduziert wird. Sie beinhaltet ebenso alles Non-Verbale, sei es nun Telepathie oder dieses schnelle, blitzartige, intuitive Erfassen, das Erkennen von Zusammenhängen. Die Wahrnehmung ist Merkur — und merkurisch ist der Stolz auf diese Wahrnehmung, auf seine Richtigkeit, Genauigkeit — , entsprechend ist diese Wahrnehmungsgabe auch ein empfindlicher Punkt der personifizierten Merkur, an dem sie kaum Kritik verträgt.

Merkur ist die Vermittlerin, ist der Weg zwischen zwei Orten, die Brücke, der Weg zu und von unserer inneren Quelle. Merkur ist das Verbindende, zwischen Gegensätzen hin und her Webende. So pendelt und vermittelt sie auch zwischen Patriarchat und Matriarchat, zwischen dem Hier und Jetzt — der »Realität« — und der Utopie.

Nicht zufällig korrespondiert Merkur mit dem Götterboten Hermes. Merkur vermittelt Botschaften und ist Diplomatin unter den Göttinnen. Sie ist die Wanderin. Sie reist sozusagen von Göttin zu Göttin und versteht es durch rednerisches Geschick und rasche Auffassung,aber auch durch Ideen- und Listenreichtum ihre Botschaften so zu vermitteln, daß jede Göttin zufrieden ist. Merkur schlichtet Streits. Auch ist sie die Göttin der Händler und Gauner. Sie ist die Meisterdiebin. Merkur ist einfallsreich und liebt raffinierte Tricks, knifflige Denksportaufgaben und komplizierte, mehrschichtige Gedankenvorgänge. Sie liebt alles Zwielichtige, Undurchsichtige. Sie amüsiert sich königlich über Streiche und Gaunereien, die anderen — auch ihr selbst — zugefügt werden, vorausgesetzt, sie wurden klug und geschickt ausgeführt. In einer solchen Handlung sieht Merkur nicht den Streich selbst, sondern sie erfreut sich an der Raffinesse, an der Idee.

Merkur ist eine Planetin, eine Frau, die sich selbst nur über Andere, im Zusammenhang mit Anderen, im Vergleich wahrnimmt. So sind auch ihre Talente solche, die vor allem erst in der Wechselwirkung zum Tragen kommen, spürbar werden. Daß sie Verbindungen schafft, daß sie vermittelt etc. spürt sie selbst nur in Gesellschaft. Merkur hat keine greifbaren, klar sichtbaren Qualitäten, die für alle deutlich erkennbar wären. Meistens wird nur das eine oder andere Extrem gesehen, wie zwei voneinander entfernt liegende Punkte. Der Weg, der diese beiden Punkte miteinander verbindet, ist hingegen nicht sichtbar, wird nicht wahrgenommen. Es ist spürbar, wenn er n i c h t da ist, weil dann eine Verbindung fehlt. Oder es ist denkbar, anzunehmen, daß da ein Weg sein muß, da sonst nichts zum anderen Extrem führen würde. Aber sichtbar, faßbar ist diese Verbindung nicht. Deshalb braucht Merkur immer ein Gegenüber, braucht Andere, mit denen sie sich vergleichen, mit denen sie sich spiegeln kann. Sie ist Wechselwirkung; sie braucht einen vorgegebenen Rahmen, den sie ausfüllen kann, um zu sein. Dann ist Merkur in ihrem Element, dann kann sie spielen und fühlen, was es heißt, Verbindung zu sein. Dann fühlt auch sie sich gesehen. Wahrgenommen.

Merkur hält uns den Spiegel hin, sie spiegelt sich in uns — und stellt das Wahrgenommene in ihrem Spiegel dar. Sie ist der Spiegel, ist «Till Eulenspiegel», in dem wir uns oft übertrieben, verzerrt wiederfinden.

Merkur ist jedoch nicht nur die Beweglichkeit des Geistes, wie sie sich auch in ihrem Tierkreiszeichen Zwillinge darstellt. Merkur ist beweglich, d. h. veränderlich, wechselhaft. Merkur ist auch bewegt, d. h. angerührt, berührt. Und Merkur bewegt andere, löst etwas in ihnen aus, ist Initialzündung. Merkur berührt. Sie ist Berührung, Be-we-gung.

Merkur ist absolute Bewegung, wie sie auch ihrem Element, der Luft, entspricht. In Bewegung zu sein, bedeutet, nichts festzuhalten, immer wieder loszulassen. In Bewegung sein bedeutet auch, nie stillzustehen, sich immer weiter fortzubewegen, weiterzuentwickeln. Merkur ist Entwicklung. Bewegung ist Veränderung, Verwandlung, ist Entwicklung, ist Leben.

Alle Fähigkeiten Merkurs sind nur mit Hilfe von Bewegung möglich; ohne Bewegung gibt es keine totale Kommunikation, keine Vermittlung, keine Verbindung. Ohne Bewegung gibt es kein Denken. Ohne Bewegung gibt es weder Leben noch Tod.

Leider haben sowohl wir als auch — im übertragenen Sinn — die Planetinnen immer noch oft die größten Fähigkeiten da, wo die größten Unfähigkeiten liegen: die Verschlüsse. So erleben wir Merkur selten im Vollbesitz all ihrer konstruktiven Kräfte. Merkurs Verschluß liegt im Bereich der Bewegung, d. h., sie spart Bereiche aus, ist partiell oder zeitweise bewegungslos, sei es auf körperlichem oder geistigem Gebiet, bzw. wir leben unsere Merkur so. Im persönlichen Horoskop kann das z. B. bei einem Quadrat mit Merkur bedeuten, daß sich das Denken im Kreise dreht oder eingleisig wird oder sich an einem Gedanken festkrallt.

In einem anderen Bereich könnte sich eine zeitweise Bewegungslosigkeit folgendermaßen auswirken: Eine Frau, die zwischen zwei anderen vermitteln will, und jedoch dabei durch irgendeinen plötzlichen Auslöser in geistige Bewegungslosigkeit verfällt, ist nicht mehr in der Lage, gedanklich hin- und herzuspringen, sich in die anderen hineinzuversetzen. Ohne diese geistige Regsamkeit, ohne die Beweglichkeit kann sie diese merkurische Tätigkeit nicht ausüben, kann nicht vermitteln.

Auch auf emotionale Berührbarkeit wirkt sich eine zeitweise Bewegungslosigkeit aus: frau erstarrt innerlich, fühlt sich leer und dumpf und wehrt nur noch ab.

Die Fähigkeit der Bewegung bildet also die Grundlage zu allen anderen Talenten Merkurs, ist die Voraussetzung dazu, daß Merkur ihre Gaben leben kann. Der Bewegungsdrang erklärt auch Merkurs permanente innere Unrast und Nervosität.

Oft regen sich andere über eine Merkur-betonte Frau auf. Sie ist ihnen zu schnell, in Gedanken, Worten und Taten. Sie ist ihnen zu vor-eilig, treibt Dinge voran.

Merkur eilt tatsächlich ihrer Zeit voraus. Sie beschäftigt sich in ihren Gedanken bereits mit möglichen Ereignissen, die andere noch nicht sehen können, deren Bedeutung sie noch nicht erfassen. So erlebt Merkur immer wieder die Frustration, daß die anderen nicht verstehen, was sie einbringt, daß sie nichts davon wissen wollen, nichts damit anfangen können. Monate später jedoch, wenn Merkur ihre damaligen Gedanken längst als nicht durchführbar beiseite gelegt hat, ist die Zeit für die anderen gekommen. Jetzt greifen sie das damalige Thema auf, bringen es als neue und eigene Gedanken wieder ein — zum Ärgernis Merkurs, die sich dann als Initiantin nicht wahrgenommen fühlt.

Eine andere Form dieses der Zeit Vorauseilens ist die merkurische Gabe der Seherin, der Prophetin, obgleich bei diesem Talent auch noch die Wahrnehmungsfähigkeit eine bedeutende Rolle spielt. Hier verbinden sich diese merkurischen Gaben mit ihrem Verstand, ihrer Logik und ihrem Seherinnenblick zur Gestalt der Sophia, zur Sibylle.

Es tritt noch ein weiterer Aspekt in der Vor-eiligkeit Merkurs zutage: die Grenzgängerin, die Zwielichtige, die im Zwischenreich — dem Schattenreich zwischen Leben und Tod — zuhause ist. Sie, die wie das Einhorn ist und wie die Nebel des Lebens. Diejenige, die mit Leichtigkeit die Ebenen wechselt, diejenige, die mühelos Grenzen überschreitet, in alle Richtungen. Das anfängliche Bild von »Brücke-sein« verdeutlicht das Gemeinte gut: die Brücke, die zwei Welten miteinander verbindet. So ist es für Merkur ein leichtes, von der Vergangenheit in die Zukunft zu springen, oder von der

Zukunft in die Gegenwart. Sie kann das, was sie dort erfährt, sieht, wieder mitbringen ins Jetzt. Sie ist die Zeitreisende, die alle Schranken über-brückt.

Zwischen Leben und Tod ist sie zuhause, zwischen Leben und Tod vermittelt sie. Sowohl das eine als auch das andere Extrem ist ihr vertraut, sie kennt sich dort aus, kann jederzeit dorthin gehen. Sie ist die Kennerin der Wege. Hier liegt eine weitere, wesentliche Aufgabe Merkurs, die der Sterbehebamme, der Seelenführerin. Wie ihr Vogel, der Rabe, ist Merkur die Botin des Todes. Sie ist die Begleiterin. Da ihr alle Ebenen vertraut sind — auch die jenseitigen — und sie auf allen Wegen wandeln kann, ist es ihr möglich, auch andere zu führen oder ihnen zu folgen. Sie begleitet die Lebenden in den Tod, geleitet über den Dunklen Strom ins Jenseits, ist die Fährfrau. Merkur hat Zugang zu den Toten, die sie wieder zurück ins Leben führt, wenn sie sich inkarnieren wollen.

Jedoch nicht nur zwischen Leben und Tod begleitet Merkur — sie begleitet auch vom Wachen in den Schlaf und führt die Schlafenden wieder zurück ins Wachen. Daher ist Merkur identisch mit den Träumen. Auch Trancen, Regressionen, Tagträume etc. sind merkurische Zustände. Außerdem hilft Merkur, Unbewußtes bewußt zu machen, d.h., sie ist der Weg, der Vergessenes, Verborgenes ins Bewußtsein holt. Also ist Merkur Erinnerung.

Auch ist mit Begleiten Merkurs Fähigkeit gemeint, Frauen durch ihre psychischen, aber auch physischen Prozesse zu begleiten, seien es nun körperliche Krankheiten, psychische Probleme oder die üblichen kleinen Sorgen des Alltags.

Sogar durch den Wahnsinn begleitet Merkur, denn zwischen ihnen besteht eine besondere Affinität:

Sowohl in der römischen als auch in der griechischen Mythologie wird Merkur immer als die Zwiespältige dargestellt (z.B. Herm-Aphrodite), — symbolisch für die «sich Selbst-Befriedigende», die «Selbstbefruchterin» — ebenso, wie auch ihr Tierkreiszeichen, die Zwillinge, dieses Zwie-gespaltene, Zwei-gestaltige ausdrückt. Außerdem ist Merkur der Verstand zugeordnet. Wenn wir uns also eine schwere Störung Merkurs vorstellen, müßten wir an einen zwiegespaltenen Verstand denken, dem klassischen Ausdruck der Schizophrenie.

Die besondere Beziehung Merkurs zum Wahnsinn erklärt sich schon allein durch ihre Zuordnungen Geist und Verstand. Typische Krankheiten Merkurs sind entsprechend solche, die sich auf ihre Zuordnungen beziehen, also z.B. Geisteskrankheiten, aber auch sämtliche nervöse Erscheinungen (Unrast — Bewegung), oder alles, was mit den Sinnesorganen, vornehmlich der Stimme, der Sprache zu tun hat, also Kehlkopf, Hals, Luftwege, Schilddrüse etc. (Kommunikation — Verbindung). Aber Merkur sind auch die Sinne zugeordnet und die Nerven. Reize und Sinnes-wahrnehmungen sind merkurisch — und Merkur ist reizbar und sinn-lich. Sie hat Angst vor ihrer Verdrehung, Ver-irrung, dem Wahnsinn — in den sie auch begleitet, und auch wieder aus ihm hinausführt, wenn wir sie nicht halten, wenn sie spielerisch beweglich bleibt.

Merkur ist die Sphinx zuzuordnen, die den Eingang zur Pyramide bewacht und Rätsel aufgibt. Auch die Pyramide selbst ist ein Aspekt Merkurs, denn sie legt ***hermetische*** Verschlüsse, riegelt Wissen, Geheimnisse, vollständig ab, um es / sie zu bewahren. Das ist auch eine Funktion der Pyramiden. Merkur ist die Bewahrerin.

Merkur ist auch für die Verschlüsse zuständig, die wir vor unsere Fähigkeiten gelegt haben, um sie nicht zur Unzeit zu erinnern und zu leben. An sie müssen wir uns wenden, ihre Kräfte mobilisieren, um diese Verschlüsse wieder zu öffnen.

Merkur wird in unserem Denken als eigenständige Qualität wenig beachtet, da in unserem System vor allem Leistung zählt, das erreichte Ziel, — nicht der Weg dorthin. Wenn Merkur ernstgenommen, ge- und be-achtet wird in all ihren Aspekten, sprengt das die Grenzen des dualistischen Weltbildes. Denn Merkur ist der Weg selbst, der von Punkt A ----- zu Punkt B führt. Merkur ist Ausdruck. Merkur ist der Weg zur Lust, der Weg zur Extase. Merkur ist eine neue (alte), eine dritte Qualität.

Ohne Merkur gäbe es für uns keine Entwicklung, kein Weiterkommen. Nichts würde uns zum Nächsten führen, es gäbe keinen Weg zu einem anderen Gefühlszustand, keine Verbindung zu unseren unbewußten Kräften, zu unserer inneren Quelle der Kraft, des Lebens, des Ursprungs.

Ohne Merkur gäbe es keine Fort-Bewegung, weder im Leben noch im Tod oder dazwischen.

ANALOGIEN

astrologisches Symbol:	☿
Tierkreiszeichen:	Zwillinge, die Jungfrau gemeinsam mit Persephone
Element:	strukturiert-bewegliche, unsichtbare Luft
Zahl:	5
Farbe:	dunkelblau, goldgelb
Göttin:	Kore/Persephone, Circe, Ceres, (Herm)-Aphrodite

Tarot:	I magician
Edelstein:	Lapislazuli, Turmalin, Topas, Heliodor, Olivin, alle Quarze, wie Citrin; gemeinsam mit Pluto und Muse Hämatit
Metall:	Quecksilber
Baum:	Ulme
Heilpflanze:	Tollkirsche (Belladonna), Eisenkraut (Verbena officinalis), Ringelblume (Calendula offincinalis)
geometrische Form:	Pentagramm mit der Spitze nach oben, Doppelpyramide
Chakra:	Halschakra (Kehlkopf) mit Saturn und Pluto das Todeschakra im Nacken
Körper:	Nervensystem, alle Organe des Luftaustauschs, Sinnesorgane und Schilddrüse
Tier:	Falke, Wiesel, Rabe, Fledermaus
Wochentag:	Mittwoch
Getreide:	Hirse
Bewegung:	

VENUS

'die himmel bin ich,

die erde bin ich,

eine kriegerin bin ich.

diese drei zeilen aus einem sumerischen gedicht geben ihr SelbstbeWußtSein wunderbar wieder. sie ist sich ihrer anWesenheit in allen formen bewußt. dadurch erhält jede form für sie sinn. ihre wahre liebe ist gleichGültigkeit. ihre wahre liebe lebt auch in dem wissen um zeit, wann eine form gültigkeit verliert und aufgelöst werden kann. so kommt es, daß sie in ihren analogen göttinnengestalten immer beides ist, liebesgöttin und todesgöttin, gebärende und kriegerin. dieselbe analogie finden wir auch in ihrer zeitlichen erscheinung als morgenstern und abendstern, gebärerin und todbringerin.

venus spiegelt sich in allem, in der erde und den himmeln. ihr spiegel ist mitnichten ein abbild ihrer eitelkeit. es ist das instrument des wahrnehmens, des erInnerns und des beGreifens. zu allererst dient der spiegel ihr Selbst. sie liebt sich, indem sie in den spiegel blickt. sie empfindet ihre freude daran, daß sie sich Selbst erfährt, indem sie sich dem genuß ihrer eigenen schönheit, vielfalt und erotik hingibt. sie ist neugierig auf die wechselnden möglichkeiten ihres ausdrucks, neugierig auf all die ideen, die zu und aus ihr kommen und gestalt annehmen wollen. nie wird sie satt, sich Selbst in ihren tausend gesichtern im eigenen spiegel zu sehen, sich zu locken und herauszufordern. da sie weiß, daß sie sich in allem wiederfindet, sucht sie nicht ihre ergänzung, sondern sich / die Selbst. sie hat das wissen nicht verloren, schöpferin, erzeugende und geschöpf in einer zu sein.

die dynamik, das geheimnis ihrer lust an sich Selbst ist, so paradox es klingen mag, ihre berührbarkeit. die fähigkeit, sich berühren zu lassen ist es, die es ihr ermöglicht, so angeregt zu sein, so bewegt, daß sie sich immer neu verwandelt und doch im kern sich Selbst findet.

sie ist alle, indem sie alle spüren kann von allen berührt wird, und sich Selbst durch jede berührung erweitert. sie entdeckt vielfältige möglichkeiten in sich, die sie ohne die anregung durch die andere nicht erInnert hätte.

ihr begehren ist es, durch die, die ihr im kern gleich ist und doch auf eine andere weise schwingt, berührt zu werden, um durch diese berührung neues zu schöpfen, ein gedicht, ein lied, die komposition eines abendessens, die gestaltung eines bildes, die form einer plastik, das muster eines pullovers.

venus trägt die erInnerung, daß es jenseits des beWußtSeins unserer zeit, des beWußtSeins der unterscheidung, das auf trennung und gegensatz beruht, ein erweitertes beWußtSein gibt, dessen gesetz einfühlen und spiegeln heißt.

einer ihrer beWegGründe, also der ursprung / grund ihrer beWegung ist der wunsch nach harmonie. nach dem gesetz des einfühlens und spiegelns bedeutet harmonie teil und ganzes gleichZeitig zu sein, mitgeTeilter Selbstbezug[2] und durch mitTeilung berührter kern zu sein.

nach dem gesetz von gegensatz und trennung bedeutet es, unterschiedliche teile, getrennte Wesenheiten zu einer möglichen einigung zu bewegen.

im ersten fall bedeutet es, keinen aspekt der eigenen person und / oder einer anderen zu opfern. im zweiten legen wir kompromisse nahe, also opfer, um einer einigung willen. im ersten fall bedeutet es, jedes teil ist in der lage um den eigenen kern zu kreisen, da alle diese kerne zutiefst identisch sind, im zweiten fall kann eine einigung nur zustande kommen, in dem alle teile um einen gemeinsamen, außerhalb liegenden kern kreisen. praktisch erlebe ich die beiden unterschiedlichen gesetzmäßigkeiten immer wieder in der unterschiedlichen umgehensweise mit weiblicher spiritualität / Sinnlichkeit, und was sich alles damit verbindet.

frauen, die in heterosexuellen zusammenhängen leben, rufen 'die' göttin an, besingen 'sie', treffen sich, um 'sie' zu feiern, sind 'ihre' priesterinnen, kreisen gemeinsam um eine religion, die die gestalt einer archetypischen göttin hat, die außerhalb ihrer Selbst angesiedelt ist. sie neigen sich nicht einander zu, um in der geliebten frau die göttin zu sehen, zu spüren und zu lieben, und damit in sich Selbst. für lesbisch/frauenidentifizierte frauen ist diese konkrete Sinnliche liebe Selbstverständlich. die göttin ist kein prinzip, das außerhalb ihrer Selbst waltet. in der berührung erfahren sie sie. extase, erleuchtung, erfahrung der Wahrheit ist nicht entäußerung, außerhalb ihrer Selbst, sondern erInnerung, kernberührung.

nach dem gesetz von gegensatz und trennung bedeutet harmonie, den versuch zu unternehmen, 'alle unter einen hut zu bringen', bedeutet, um einer gemeinsamen norm willen, unterschiedlichkeiten zu nivellieren.

nach dem gesetz von einfühlen und spiegeln bedeutet harmonie, den versuch zu unternehmen, alle variationen zu dem einen thema, aus dem alle entstehen, zuzulassen, bedeutet, der vielfalt neugierig und mit allen sinnen offen gegenüber zu sein.

aber nicht nur der begriff und geschmack von harmonie verändern sich, je nach gesetz, auch das spiegeln erfährt eine völlige änderung. wenn wir im beWußtSein der unterscheidung leben, brauchen wir den gegensatz, um uns Selbst ganz zu fühlen. anstelle des öffnens und der berührbarkeit, bei der es heißen kann 'ich erkenne dich, dadurch erkenne ich mich,' tritt schnell die forderung auf 'erkenne mich' und zwar 'an' und 'erkenne nur mich' — aus der angst vor dem verLust des ergänzenden gegensatzes außerhalb meiner Selbst. und so wird aus dem spiel des erweiterns, des atmens und lösens ein spiel des fesselns, der Leidenschaft aus unerl ö s tem Sein.

aus der fähigkeit, liebe zu Sein, wird liebende — geliebte Sein. wenn sie sich entschließt, sich im begehren der anderen zu spiegeln, im genuß, zu sehen, wie ihre an-

Ziehung sich auswirkt, wird sie vamp, verführerin, femme heißen, hure, herzlos und egoistisch. sie verliert sich, weil sie von ihrer liebensWertheit / liebensWürdigkeit nur dadurch überzeugt ist, daß sie sie außen gespiegelt sieht. wenn sie sich entschließt,'die liebende' zu sein, verliert sie sich genauso. sie hat dann nur noch die andere als liebensWert, liebensWürdig in kopf und herz. und so wird sie besitzergreifend, fressend, erstickend werden. immer und in jedem fall muß 'die andere' den teil leben, den sie selbst opfert.

nie ist die liebe der venus ohne macht, auch in der gespaltenen art, wie ich sie oben beschrieben habe, ist die ohnmacht gepaart mit der macht, die wir alle kennen, der übermacht — ein spiel aus not, entzug und bindung. erst, wenn sie sich dorthin vorgetanzt hat, wo sie aus der balance der Selbstliebe heraus handeln kann, der liebe, die sich und die andere gleichzeitig meinen kann, hat sie die möglichkeit, mächtige / machende zu Sein, ohne ohnMacht oder überMacht zu erzeugen.

ANALOGIEN

astrologisches Symbol:	♀
Tierkreiszeichen:	Waage, Stier
Element:	luftig-sinnliches Feuer
Zahl:	6
Farbe:	weiß, rot
Göttin:	Tiamat (babylon.), Demeter (griech.), Ishtar (semitisch), Inanna (sumerisch), Aschtaroth (syrisch), Kar-uru (peruan. Indios)
Tarot:	III empress
Edelstein:	Saphir, Rosenquarz, gemeinsam mit Neptun und Urania Smaragd
Metall:	Kupfer (lat. cuprum), die Insel Cypern, die der Venus geweiht war, wurde früher auch cuprum genannt
Baum:	Linde
Heilpflanze:	Aloe (Aloe vera), Ehrenpreis (Veronica officinalis), Rose (Rosa)
geometrische Form:	Kreis
Chakra:	sie gehört — neben Mars und Neptun — zum formgebenden Chakra (Venushügel)
Körper:	Gebärmutter, Nieren

Tier:	Spinne, Katze
Wochentag:	Freitag
Getreide:	Gerste
Bewegung:	

ERDE

Vertrauen

In Deinen Augen habe

ich uns gesehen —

bin durch sie in Dich

hineingeglitten

tief — ganz tief

voll Vertrauen ließ

ich mich fallen —

weil ich weiß

DU wirst Deine Augen

nicht schließen

um mich in Dir

gefangen zu halten.

Ingrid A. Mau

(aus »Lesbenkalender '82«)

Die Erde ist die dritte Planetin, die um die Sonne wandert. Sie durchläuft ihre Bahn in 365⅓ Tagen. Am Äquator beträgt der Umfang der Erde 40076 Kilometer; die Erdoberfläche beträgt 500 Millionen Quadratkilometer.

*»Während die Erde einmal die Sonne umkreist hat, ist sie mit dieser Sonne rund 615 Millionen Kilometer im Sternenall weitergeflogen.«**

In der herkömmlichen Astrologie wird die Erde nicht erwähnt, da wir uns auf ihr befinden. Sie stellt praktisch den Mittelpunkt unseres Horoskopes dar; von ihr aus schauen wir ins All, betrachten den Tierkreis und die Planetinnen und ergründen ihre Wirkungen auf uns.

Ich bin jedoch der Ansicht, daß auch die Planetin Erde, auf der wir leben, Einfluß auf uns hat, so daß auch sie bei einer ur-weiblichen Deutung der Sterne erwähnenswert ist. Die Kräfte, Fähigkeiten, die sie besitzt, wirken auf uns ein, prägen uns, und wir können sie — ebenso, wie die der anderen Planetinnen — auch in uns entdecken und für uns nutzen.

Zunächst einmal ist »Mutter« Erde die Planetin, die uns Leben gibt, die uns leben läßt.

Sie gebärt jedoch nicht, wie Venus, selbst, — sondern sie stellt sich zur Verfügung, gibt alles von sich her, um Andere großzuziehen, um leben zu lassen. Sie ist die geborene ***Amme.*** So ist Erde auch nicht die Formgebende, die Schaffende, die Schöpferin — sondern sie ist es, die den Raum, die Möglichkeit zur Schöpfung gibt. Sie gestaltet nicht selbst, stellt jedoch alles für die Gestaltung zur Verfügung.

Sie opfert sich auf, um uns zu ermöglichen, daß wir die Welt, daß wir uns, nach unserem Willen formen.

Die Erde ist Materie. Und so ist es Materie, die sie uns anbietet. Materie ist greifbar, sichtbar, real, ist Verdichtung in der Zeit. Sie versinnbildlicht in unserer Welt alles Faßbare, Echte, alles Wirkliche. Indem die Erde sich uns schenkt, also uns ihre Fähigkeiten zur Verfügung stellt, ermöglicht sie uns Verwirklichung, Realität, Sichtbar-machen, die Möglichkeit, etwas in der Zeit erscheinen zu lassen.

Ohne die Erde wären wir in dieser Realität unsichtbar, nicht vorhanden. Ohne die Erde könnten wir nichts ver-wirklichen, nichts materialisieren. Ohne die Erde gäbe es diese unsere zeitliche Erscheinungsform nicht.

Sie schenkt uns all ihre Schätze, all ihre Werte. Sie trägt unvorstellbare Kräfte: Feuermassen, Vulkane, Lavaströme, Meere, Sturmfluten, Erdbeben und noch mehr. Sie zeigt uns täglich ihre Schönheit, ihre vielfältigen Ausdrücke und ihre Liebe fürs Detail ebenso, wie ihre Liebe fürs Gesamte, fürs Kollektiv.

Sicher — ab und zu wehrt sie sich, läßt uns ihre gewaltigen Kräfte fühlen. Ihre Ausbrüche sind gefährlich für uns und unberechenbar. Sie ist nämlich sehr geduldig, unsere Erde, und so dauert es recht lange, bis sie wütend wird. Dann jedoch ist sie wie ihre Vulkane: plötzlich und heftig bricht sie aus — danach ist es wieder für Jahre vorüber.

Aber, welche Mutter — oder besser, welche Amme — regt sich nicht irgendwann einmal auf, ist zornig? Und ist denn der Zorn der Erde so erstaunlich, so unverständlich?

Obgleich dieser Zorn tödlich für uns sein kann. Und so sind wir wieder eingebettet im ewigen Kreislauf von Leben und Tod. Denn gleich nach ihrem schrecklichen Ausbruch ist es trotzdem die Erde, die uns den Rahmen bietet, alles wieder neu aufzubauen, die uns materialisieren läßt, also zum Leben verhilft.

Ganz selbstlos ist ihre Aufopferung natürlich nicht. Sie verlangt dafür auch einiges von uns. Sie fordert, daß wir uns an ihre Naturgesetze halten, daß wir uns nach ihnen richten, danach leben.

Sie wünscht unsere Achtung, Wertschätzung und Pflege. Die jedoch bekommt sie von uns kaum. Statt dessen hat sie jahrhundertelang durch uns Ausbeutung erfahren.

Warum nimmt sie das so fraglos hin?

Warum läßt sie sich weiterhin ausnutzen, ohne sich zu wehren? Warum opfert sie sich auf?

Warum schüttelt sie uns nicht einfach ab?

Warum verweigert sie sich nicht?

Ich denke, die Erde ist eine Liebesbeziehung zu uns eingegangen, eine Liebesbeziehung, die längst nicht mehr gleich-be-rechtigt ist. Die Erde fühlt sich ausgenutzt — und doch kann sie nicht anders, als weiterhin zu lieben. Sie kann sich nicht lösen aus dieser Beziehung, aus dieser Abhängigkeit, solange sie den Rest Hoffnung hat, es könne doch noch eine gleich-wertige Beziehung werden.

Und so läßt sie nicht los, hält uns in ihrer zärtlichen Umklammerung und bleibt in ihrer Selbst-aufgabe. Doch tief in ihrem Inneren sammelt sie bereits die Kräfte — gigantische, gewaltige Kräfte. Sie bereitet sich vor, auf den Tag, an dem sie sich nicht mehr aufopfern wird; auf den Tag, an dem sie sich befreit von dieser un-gleich-gewichtigen Beziehung.

Ich möchte ihr helfen, ihre Wunden zu heilen und zu pflegen. Ich möchte ihr helfen, ihre Kräfte zu sammeln, damit sie nicht eines Tages zerstört wird, sondern sich selbst befreien und erneuern kann.

ANALOGIEN

astrologisches Symbol:	⊕
Tierkreiszeichen:	Stier, aber auch Jungfrau und Steinziege
Element:	Erde, sinnlich-konkrete, sichtbar-machende Erde
Zahl:	4
Farbe:	Erdfarben, wie braun, grün
Göttin:	Ea, Gaia
Tarot:	XXI world
Edelstein:	Matrixe (= Muttergestein der Edelsteine)
Metall:	Erze
Baum:	Eiche
Heilpflanze:	Efeu (Hedera helix)
geometrische Form:	Quadrat
Chakra:	Wurzelchakra (zwischen Damm und Steißbein), gemeinsam mit Venus Fußsohlen
Körper:	Füße
Tier:	Echsen, Dinosaurier, Maulwurf, Eichelhäher
Wochentag:	keine eigene Zuordnung
Nahrungsmittel:	Kartoffel, Wurzelgemüse
Bewegung:	

DIE MONDIN

Feiere den kreis und dann
tanze im endlosen
bogen,
sing tapfer vom auf-
steigenden mond
und preise die augen
der dunkelheit.

mondin, wende dein Auge,
du — du bist der gral.

Barbara Starrett
(Gedichte »mondsicht — dämmerlicht«)

Ich er-innere mich

In erinnerung mit der mondin sein, bedeutet für mich, mich an mein da-sein in einer eizelle, im leib meiner mutter zu er-innern. Und wie ich mich durch einen ihr und mir inneliegenden kosmisch-irdischen impuls vorwärtsbewege, schwebe, durch einen langen kanal-schlucht-, bis ich an einem platz in ihrer/meiner gebärmutter anhalte, um dort einem neuen impuls, dem meine mutter in sich raum gibt, zu begegnen. Ich, meiner gebärmutter gleich, will diesen impuls in mir fühlen und nehme ihn in meine zellen auf. Dann beginne ich mich zu wandeln, durch ständig sich mehrendes aufteilen meiner ur-zelle, vermehre und vergrößere ich mich. Meine heranwachsende form, gestalt, schlägt wurzeln in einem frauen-mutter-körper. In ihrer höhle bin ich geborgen und beschützt, und ich fühle, wie ich aus mir selbst herauswachse und wie sie mich in sich selbst wachsen läßt. Ein wellen und wiegen, nähren und vermehren, entfaltet sich zwischen uns beiden. Sie ist mein heim, meine quelle, meine schale und wände, die mich vor der welt da draußen schützen. Ich bin ihr lebendiges inneres, form und gestalt werdendes sternenwesen, das sich in einer mutter der erde angesiedelt hat.

Sie ist mein erstes zuhause, hort, auf meinem weg zu einer klaren und vielfältigen entfaltung meiner persönlichkeit in einem erden-wesen.

Und je tiefer und weiter ich in meine er-innerung unter dem mondlicht tauche, um so deutlicher und bewußter wird mir, daß

am Anfang die Frau war,
die aus sich selbst heraus leben gegeben hat,
die aus ihrer ur-ei-sprungskraft fähig war, leben zu zeugen und zu gebären,
die in ewiger wiedergeburt von mutter und tochter
weisheit — liebe — und lebenskraft,
die geheimnisse weiblicher mysterien,
behütet, bewahrt und weitergegeben hat.

Durch dieses er-innern tauchen bilder alter mutterkulturen, ursprüngliche mutterstämme, in mir auf. Ich fühle, daß das sein in der nähe einer mutter, für alle, schwestern, geliebte, freundinnen, jung und alt, für alle, nahrung, sicherheit und wärme bedeutet hat. Sie war das zentrum, der herd, hort, von dem leben ausging — und von dem leben wieder zurückgenommen wurde, wenn sie entschied, daß es dem leben nicht zugeführt werden sollte. Ihr wurde macht und ehre zuteil. Ihr name wurde in aberhunderten von göttinnennamen geehrt.

Und immer tiefer steige ich hinab in die inneren schichten meiner er-inn-erung, in zeiten, in denen mir von ihr gelehrt wurde, etwas fremdem, anderem und unbekanntem nah zu sein, meinem bruder, der, ebenso wie ich, aus ihr entstanden sei.

Ich erinnere mich, daß es die schwerste entscheidung war, die ich je gefällt habe.

Denn ich ging fort aus ihrer nähe, fort, um etwas zu erhalten, das ich nicht aufgeben will — meine selbstliebe — die fähigkeit, mich selbst zu erneuern und zu gebären — meine frauenliebe, die lust und liebe mit meinen schwestern.

Ich er-inn-ere mich an LILITH — die schwarze mondin

Ich erinnere mich an das leben mit frauen, als das wissen um die energie der schwarzen mondin bewußt in den frauen lebte. Sie verehrten die energie in der schwarzen, die die lust in der frau verkörperte, sich tief in sich selbst öffnen zu wollen, für sinnliche berührung, fruchtbare begegnung und zärtliche nähe in ihrem schoße. Die frauen wußten, daß ihr hinein-gehen, hingeben in die verschmelzung, in die symbiose der berührten gefühle zueinander, an den neunmonatigen rhythmus der gezeiten von tod und wiedergeburt im schoße einer frau gebunden ist.

Sie wußten, daß es genügend zeit war — für das entstehen und heranreifen neuer gefühle, in jeder einzelnen und gemeinsam. Sie wußten zutiefst, daß jede innige symbiose, nähe, einer wandlung entgegen wächst, gleich dem schwangersein, das nach neun monden beendet wird durch die geburt. So gab es kein über die zeit hinaus dauerndes anrecht auf den alleinigen platz im schoße, in der nähe einer frau.

Lilith, die schwarze mondin, ist in mir die kraft, die fühlt, daß die wirkungen von sonne, mond und sternen, aus unsichtbaren kosmischen fernen, — in mir, in meinem bauch, in meiner person, raum und ausdruck findet.

Die schwarze mondin wird gleichgesetzt mit der trabantin lilith, einer weiteren mondin, deren energiefeld wir nicht mehr sehen können, das aber auch meßbar um unsere erde kreist. In den ephemeriden gibt es keine tabellen über ihren rhythmus. Aber ihr verlauf muß vor langer zeit erfühlt, vielleicht sogar gesehen worden sein, denn es existieren vorausberechnungen* über ihren verlauf am zodiak. Es wird vermutet, daß sie sich um sonne, erde und mond, in einer acht, dem unendlichkeitszeichen, vorwärtsbewegt.

Sinnlich-berührbares bluten unter, mit, in der mondin

Es gibt weniges, das uns frauen so vorgegeben und unhinterfragbar innewohnt, wie die monatliche fähigkeit zu bluten.

Der einzige zustand, der auf natürliche art das monatliche bluten unterbricht, ist das gebären.

Bluten und gebären wird beendet durch den übergang zur alternden frau.

Die einzige freiwilligkeit in dieser vorgabe ist, sich für oder gegen das gebären zu entscheiden.

Unabänderlich bleibt das bluten (es sei denn durch hormonelle und psychische störungen blockiert — oder durch herausnahme der gebärmutter oder eierstöcke beendet).

In einer langen lebenszeitspanne, vom pubertierenden mädchen bis zur älteren frau, bluten alle frauen. somit sind alle frauen natürliche blutsschwestern. Gleich dem 29,5 tage rhythmus der mondlaufbahn um die erde bluten frauen.

Einige frauen erinnern sich, daß es nicht immer so war. Es gab zeiten, da frauen einen anderen rhythmus hatten, z. B. den 42 tage rhythmus der venus (es ist die zeit, die sie zum umlauf der sonne benötigt). Oder sie konnten entscheiden, wann sie bluten wollten oder nicht. Frauen, die in den heutigen zusammenhängen leben und lieben, schaffen sich neue, alte möglichkeiten, die gemeinsame fähigkeit zu bluten haut, blut und körperlich nah und zutiefst verbindend miteinander leben zu können.

Durch intensives wahrnehmen und sich mitteilen der gefühle und körpererlebnisse, während, vor und nach dem bluten, beginnt sich neues, altes wissen in unserer tiefe zu kristallisieren und sich hinauf in unser bewußtsein als sich erinnernde gefühle, gedanken und bilder zu senden.

Bluten ist selbstzentrierung der gefühle — des wassers in uns.

Bluten ist ein organisch chemischer, gefühlsmäßiger reinigungsprozeß. Analog dem ausbluten von blutfasern und venen, die nicht mehr benötigt werden, da das ei nicht befruchtet ist, dringen gefühle, energien aus den poren durch die tränen, den schweiß hinaus, um unsere wahren gefühle freizulegen, verletzte, verirrte und fremde gefühle.

Es sind die heiligen ein oder zwei tage des rückzuges in die wärme und dunkelheit dieses selbstreinigungs-prozeßes. Der bauch, die gebärmutter, eierstöcke und brüste signalisieren höchste konzentration in ihrer arbeit. Alle lebensenergien versammeln sich in diesem ort von leben und tod.

Frauen auf dem weg zu sich selbst, zu ihrem ursprung, erkennen, wie wichtig dieses bluten für uns ist — für unser kontinuierliches heilen und nähren unsrer weiblichen substanz.

Es tut unendlich gut und bringt tiefe freude, mit dem eigenen blut zu experimentieren, es zu erforschen. Frau kann mit ihrem blut wunschbilder malen;

sich auf die haut symbole und bilder malen und von anderen malen lassen;
es auf stellen am körper aufstreichen, unter denen es krankheit und schmerz gibt;
sich einen blutpunkt auf die stirn aufmalen, um sichtbar zu machen, daß sie blutet;
das blut auf die erde fließen lassen und beobachten, wie schnell es von den tieren gefressen wird, weil es ein nahrhafter leckerbissen für sie ist;

mit der geliebten schlafen und sie mit dem eigenen blut berühren;
rituale singen, tanzen und sprechen, die die kräfte der mondin verehren und die macht unseres blutes benennen.

ANALOGIEN

astrologisches Symbol:	
Tierkreiszeichen:	Krebs
Element:	rhythmisch fließendes, seichtes Wasser
Zahl:	2
Farbe:	silber
Göttin:	Io (griech.), Lilith (hebräisch), Nana (assyr.), O'Shion (Zigeuner), Selene
Tarot:	II High Priestess
Edelstein:	Mondstein, Perle, Chalzedon, Türkis, Jade
Metall:	Silber
Baum:	Holunder, Fichte
Heilpflanze:	Frauenmantel (Alchemilla vulgaris), Nachtkerze (Oenothera), Mondviole, Königin der Nacht (Selenicereus grandiflorus)
geometrische Form:	Halbkreis
Körper:	Nabel, Bauch, Darm, Verdauung
Tier:	Krebs, Hase, Reh, Kuh
Wochentag:	Montag
Getreide:	Reis
Bewegung:	∞

MARS / MUSE

Flieg und sing mit meinen winden
Sause und rausche mit meinen wassern,
Meinen wasserfällen, strömen
Flüssen und meeren
Umarme meine erde
Entzünde mein feuer

Mary Daly (Gedicht aus »DIE PURE LUST«)

Nicht umsonst ist das Planetensymbol für Mars mit dem in der Biologie gebrauchten Symbol für Mann identisch.

Mars gleich männlich. Marsenergien gleich männliche Energien. Landläufig ist dies die Betrachtungsweise. Marsenergien sind aktiv. Sie werden mit Willen, Antrieb, Initiative und Mut in Verbindung gebracht. Sie ist eine Energie, die hervorruft, erzeugt, die ihren Ausdruck in Durchsetzungsvermögen, Leidenschaft, Kampf und letztendlich Krieg findet.

In einem dualen System, wie es das Patriarchat darstellt, werden Marsenergien, als dem »Guten« gegenüberstehend, geradezu benötigt, um es aufrechtzuerhalten. Betrachten wir diese Kräfte und Energien jedoch aus gynzentrierter Sicht, so stellt sich zwangsläufig die Frage nach dem ehemals positiven, konstruktiven Ausdruck.

Die einstmals musischen Kräfte, die dem Ursprung, dem Impuls, dem Antrieb ihre Energie geben, die bildlich gesprochen das Flußbett bereiten, damit sich darin etwas bewegen kann, haben sich in Marskräfte gewandelt, in Kräfte, die ihren Schwerpunkt nicht mehr im Antrieb haben, deren Blickwinkel und Konzentration auf das Ziel gerichtet sind. Allein das Ziel rechtfertigt den Impuls. Spaß, Freude und Lust am gegebenen Impuls, Weite und Offenheit für das, was sich dann im bereiteten Flußbett bewegt, sind verloren gegangen. Mars füllt das Bett selbst aus und möchte gerne, daß sich die anderen in diesen Fluß hineinbegeben, möchte sie in seine Welt hineinziehen, damit er sie ausfüllen kann und er der Erzeuger neuer Dinge ist.

Nicht so die Muse. Sie liebt das Spielen mit dem Impuls, dem Antrieb. Sie ist neugierig und gespannt auf all das Neue, das sich daraus entwickelt. Ihre Fähigkeit ist es, sich selbst, mit all dem was sie ist und was sie hat, einzubringen und in eine fließende Kommunikation, in einen fließenden Austausch mit sich und den anderen zu gehen. Ein mögliches, von der Muse geliebtes Ausdrucksmittel dafür ist die körperliche Sinnlichkeit, die gelebte Sexualität, die Lust an der größtmöglichsten Weite und Offenheit. Der gleich-wertige und gleich-gültige Austausch zwischen ihr und den anderen, ermöglicht die höchste Potenz an Impuls und Antrieb.

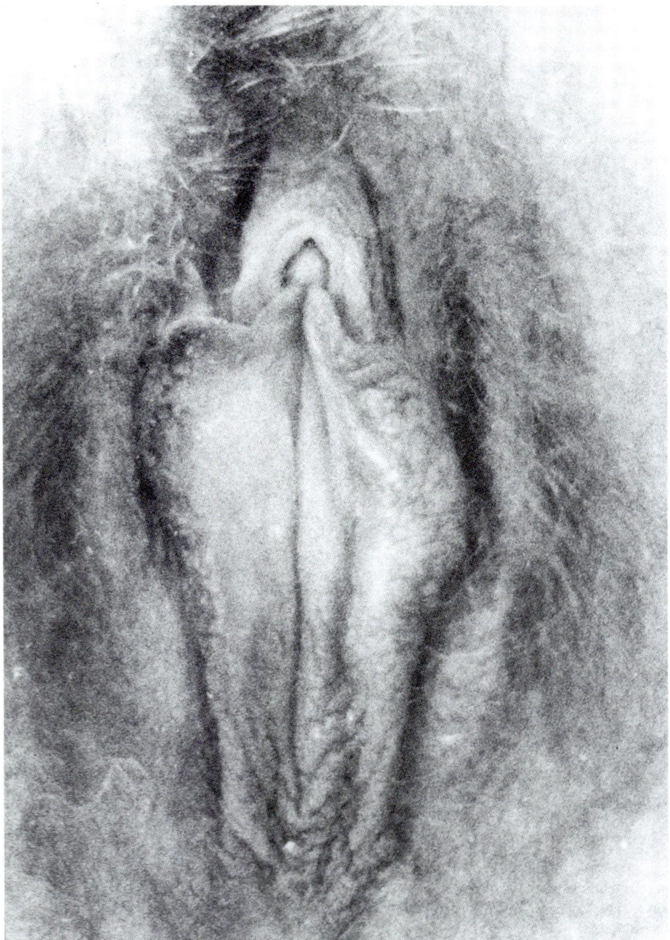

Es dürfte nicht von ungefähr sein, daß wir Frauen diese zwingende, hervorbringende Energie so weit ausgelagert haben, und daß es uns so schwer fällt, sie zu transformieren, umzuwandeln und wieder an uns zu nehmen. Denn denken wir konsequent weiter, so kommen wir nicht umhin, uns bewußt zu machen, daß wir gerade diese Energien benötigen um parthenogenetisch zu schöpfen.

Innerhalb des Tierkreises ist Mars / Muse zwei Zeichen und Häusern zugeordnet. Einmal dem ersten Haus, dem Widderhaus, dem Haus des Neubeginns, zum anderen ist sie erhöht im achten Haus, dem Skorpionhaus, dem Haus von Tod und Wiedergeburt.

Im Zeichen des Widders bringt sie ihr ICH BIN — ICH WILL zum Ausdruck, hier wird ihre Initiative, ihr Antrieb und ihr Impuls deutlich. Hier macht sie das, was sie den ganzen Tierkreis hindurch gesammelt, transformiert und wieder aufgelöst hat, aus der vollen Leere ihrer Mitte heraus, sichtbar. Hier lebt sie ihr initiierendes Feuer.

Im Zeichen des Skorpions, dem Pluto zugeordnet ist, setzt sie den Impuls zum Wandel, zum Verändern, zum Annehmen neuer Gestalt. Im Gegensatz zu Marsenergien, die mordend und auslöschend sind, da sie das Bewußtsein von Tod und Wiedergeburt verloren haben, weiß die Muse um den Kreis, den Kreislauf von Tod und Wiedergeburt, um die Notwendigkeit des Gestaltwandels, der Transformation. Hier lebt sie das verändernde Wasser.

Gemeinsam mit Pluto und Mondin bildet sie ein Dreieck des Initiierens und Lösens, das sich sichtbar in dem Ausdruck unseres Menstruationsblutes darstellt — projektive Schwingungskräfte auf unsichtbarer Ebene, lösende Kräfte auf sichtbarer Ebene. Ihr Wesen mehr und mehr in unserem Sinne zu leben, ist ein Teil der Forschung, die wir betreiben.

Um die für uns nicht unproblematische Mars / Muse-Energie nochmals zu verdeutlichen, beschreiben wir im folgenden wie jede von uns ihre Mars / Muse-Energie wahrnimmt, wie sie sie lebt, und wo sie für sich einen Ansatzpunkt für eine Transformation dieser Kraft sieht.

MARS — MUSE — MARS — MUSE — MARS — MUSE

Mein Mars, meine Muse befindet sich im zweiten Haus (Stierhaus) meines Horoskopes: 10 Grad im Schützen. Durch zwei Aspekte ist sie mit anderen Planeten verbunden. Einmal durch ein Sextil mit meiner Venus in meinem zwölften Haus, zum anderen durch ein Quincux mit meiner Urania in Neun.

Was bedeutet diese doppelte Feuerenergie im ersten Erdhaus für mich?

Zielgerichtete Energien.

Schnelles, klares Vorgehen, wenn ich weiß, was ich will. Sinnlich sichtbarer Ausdruck des Gewünschten.

Argumente können nur scheinbar Einhalt gebieten. Das Ziel ist klar, der Weg, um es zu erreichen, ist in mir deutlich, die Umsetzung somit schon fast 'zwangsläufig'.

Die Energien, die in mir aufsteigen, wenn ich eine Vorstellung umsetzen möchte, wenn ich etwas haben möchte, sind mir von klein auf bekannt und vertraut. Ein Gefühl von Klarheit und Weite, von durchsichtiger Helligkeit füllt mich aus. Läßt mich x-Umsetzungsmöglichkeiten vor meinem inneren Auge sehen, die ich schnellstens auf ihre Brauchbarkeit hin durchspiele, um dann die Geeignetste auszuwählen und anzuwenden.

Zwei Ausdrucksformen des Einsatzes meiner Mars-Schützen-Energien möchte ich hier kurz beschreiben. Einmal konnte ich diese Energien sehr gut als Abwehrenergien einsetzen. Wenn ich nicht wollte, kam niemand an mich heran. Ein Mantel aus kühlen Flammen umhüllte mich und führte zu Vorsicht und Distanz bei den anderen. Zum anderen machte ich im Laufe meiner Entwicklung die Erfahrung, daß ein Großteil meiner Mars-Schützen-Energien auf dem Sektor Sinnlichkeit / Sexualität zum Ausdruck kamen. Mit Personen, die mich interessierten, kam ich schnellstens in engen Kontakt.

Im Laufe meiner Arbeit an mir selbst, breitete sich ein unbehagliches Gefühl in mir aus wenn ich meine Mars-Energien genauer betrachtete. Ein Gefühl von Einseitigkeit im gelebten Ausdruck von Mars im Schützen, ein Gefühl von Abgespalten-Sein von etwas Wesentlichem in mir selbst, drängte sich immer deutlicher in mein Bewußtsein. Ich mußte mir die Frage stellen, wie ich meine Mars-Energien transformieren könnte.

Ganz allmählich wird mir meine Muse im Schützen vertraut. Sie ist für mich die Energie, die mir den Mut und den Willen gibt, meine Ziele und Visionen zu konkretisieren, die mir dabei hilft, sie lebbar zu machen.

Die Energie des Schützen, die Altbekanntes in Frage stellt, die neue Ziele anvisiert und neue Wege sucht, verbindet sich konstruktiv mit der Muse, gibt ihrer Antriebskraft und ihrem gezielten Energieeinsatz ihr Ziel. Dadurch, daß sich diese Konstellation im zweiten Haus befindet, materialisiert sich diese Energie in eine sinnlich wahrnehmbare, konkret anfaßbare Form. Somit trägt diese Konstellation eine doppelt sinnliche Komponente. Einmal durch die Zuschreibung der sexuellen Energie an die Muse und zum anderen dadurch, daß sie sich im ersten Erdhaus befindet, in dem kindliche, spielerische Sinnlichkeit zum Ausdruck kommt.

Spüre ich heute meine Muse-Energien in mir, so drücken sie sich inzwischen ganz anders aus. Das Gefühl, daß sie sich primär nur in gelebten sexuellen Handlungen ausdrücken lassen, hat sich aufgehoben. Ich bin nun in der Lage, jede Form von Kommunikation als etwas Sinnliches wahrzunehmen. Ob und wie weit ich mich dabei körperlich einlassen möchte ist immer wieder die Frage. Das Gefühl, Macht über andere zu haben, sobald ich mich körperlich öffne, hat einem neuen Gefühl Platz gemacht, nämlich dem von 'fressen und gefressen' werden, von einem gleichwertigen Austausch von Energien, ohne Angst davor, besetzt zu werden oder selbst zu besetzen.

Meine Muse im Schützen, in meinem zweiten Haus, hält mich in Bewegung und bringt mich meinen Visionen von gelebter, lebbarer Frauenkultur mit freiheitlichen Beziehungen näher. Sie sorgt dafür, daß meine Visionen keine Luftblasen bleiben, sondern sich im Hier und Jetzt in konkreter Form ausdrücken.

Birgit

MEIN MARS / MEINE MUSE

Der Name Mars kommt aus dem lateinischen und heißt soviel wie Kriegsglück. Daher ist Mars bei den alten Römern auch der Kriegsgott.

Von der herkömmlichen Astrologie werden Mars Wille, Duchsetzungskraft, Kampfgeist, Aggressionen, Sexualität zugeordnet.

Muse hingegen heißt Kunst, Wissenschaft. Sie ist die Energie, die zu jeder schöpferischen Handlung den notwendigen Impuls gibt.

Ich nenne im folgenden beide Aspekte Muse, da diese Benennung mir umfassender erscheint und die Transformation darin zum Ausdruck kommt.

Meine Muse ist 29 Grad 54 Minuten in den Fischen — das ist so gut wie im Widder — und dann aber auch wieder nicht! Was ist das für eine Muse in den Fischen, wie fühlt sie sich an? Du kannst sie nicht fassen.
Fließend.
Wenn Du meinst, jetzt hast Du sie, jetzt weißt Du es, ist sie auch schon wieder fort — flutsch — wie ein Fisch.
Und dann fragt Dich jemand, ob Du dieses oder jenes willst. Ja, was will ich denn? Will ich?
Jjja — oder auch nnnein — oder doch lieber ja?
Ah jetzt hab' ich es: «Jein!»
Und dann kippt Muse plötzlich über, ist im Widder. Ganz feurig fühlt sie sich nun an, voller Energie und Antriebskraft.
Schwungvoll springst Du auf, denkst:
«Jetzt! Jetzt weiß ich, was ich will!»
So? Was denn?
«Ich will . . » — flutsch - und schon ist es vorbei. Wille und Antrieb plätschern wieder friedlich im Wasser. Alle Impulse, die Du geben könntest, schwimmen Dir davon.

Habe ich einen Willen?
Habe ich einen Antrieb?
Habe ich Energie, gebe ich Impulse?
Hat frau mit Muse in den Fischen überhaupt eine Muse?
Muse ist jedoch nicht nur Antrieb und Wille, sie ist auch die Art und Weise, wie ich meinen Willen durchsetze. Dabei erlebe ich den gleichen Konflikt zwischen Weichheit, Kompromißbereitschaft und spontan aufbrechenden, deutlichen Forderungen.
Und in Bezug auf die Sexualität, die auch Muse zugeordnet ist, komme ich ins Schleudern. Denn eigentlich habe ich damit immer eher meine Venus in der Schützin in Verbindung gebracht. Obwohl ich weiß, daß dafür eigentlich Muse und Pluto zuständig sind.

Nun ja, immerhin ist meine Muse schließlich auch im 9. Haus, also in dem Haus, das der Schützin zugeordnet ist. Vielleicht kommt daher mein Beharren darauf, daß meine Sexualität auch von der Schützin-Energie geprägt ist.
Wie fühlt sich Muse in den Fischen denn nun an — bezogen auf die Sexualität?
Fließend langsam, gemächlich, weich.
Alles erfassend und aufnehmend und gleichzeitig auflösend, nicht haltend.
Und gewaltig. Gewaltig in all der Kraft des letzten Wasserzeichens. Gewaltig auch mit ihrer potentiellen Möglichkeit der Verbindung, des Übergangs, der Transformation von Sexualität und Spiritualität.
Muse auf der Grenze zwischen Fische und Widder ist beides: wässerig und feuerig. In das Ruhige, Weiche, Strömende bricht plötzlich das ursprüngliche, beginnende Feuer des Widders herein: »Ich will!«. Und es versucht zu steuern und zu lenken, probiert hier aus und probiert dort, sammelt Erfahrungen.
Und dann zerfließt wieder alles, treibt dahin in mal sanfteren, mal heftigeren Wogen. Ungeduldig, wie das Feuer. Dann wieder sich geduldig ausbreitend und fließend.
Das Grenzenlose des Wassers, der Gefühle, soll übergangslos Begrenzungen erhalten, willentlich. Das Alte, Erfahrene des letzten Tierkreiszeichens wird konfrontiert mit dem unerschrockenen, unvorbelasteten Erprobungsdrang des neuen, jungen Zeichens. Das alte Wissen um kollektive Zusammenhänge verbindet sich mit dem neuen Wissen um Individualität. Die uralten, matriarchalen Bräuche, Gesetze, Formen vereinigen sich mit dem Heute, mit jungen Erforschungen und jungem Mut zu einer »Neuen Form«. Der Abschluß, das Ende des einen Zeichens ist sogleich der Anfang, der Beginn des anderen. Ein neues Zeitalter wird eingeleitet.
Das ist die Gewalt, die Macht, die diese Zeichenstellung in sich birgt, bezogen auf den Willen, den Antrieb, die Sexualität, die starke, Flußbett bahnende Energie der Muse auf der Grenze zwischen Fische und Widder.
Wenn diese Muse im 9. Haus steht, dann kommt das Zielgerichtete der Schützin, dem letzten Feuerzeichen, dazu. Intensiv, aber nie stehen bleibend, immer schon das nächste Ziel im Auge: anvisiert, abgeschossen, Ziel erreicht, weiter zum nächsten Ziel. Es ist ein Genuß — diese Schnelligkeit und auch das Anstreben und Erreichen

der Ziele — ein lustvoller Genuß.
Aber das 9. Haus ist noch mehr. Es symbolisiert Glaube, Religion, Tradition. Als Gefahr birgt es den Fanatismus.
Die Muse im 9. Haus zu haben, bedeutet, einen Glauben, eine Tradition haben zu ***wollen***. Der innere Antrieb ist verknüpft mit dem Glauben, der Glaube ist gleichzeitig der Antrieb. Zwischenzeitlich schlägt der Glauben in sein Extrem um, wird zum Fanatismus, der dann den Antrieb, den Willen speist und die Sexualität mitbestimmt.
Wenn es sich bei der Religion um eine matriarchale Religion und Kultur handelt und bei dem Glauben um den Glauben an eine Neue Frauenkultur, dann ist Muse auf der Grenze zwischen Fische und Widder und im 9. Haus eine starke Kraft, die immer wieder den Willen und den Antrieb liefert, um das Uralte zu erinnern und das Junge zu erreichen. Diese Muse leitet eine »Neue Form« ein. Das bezieht sich auch auf die Sexualität. Die gewaltige, wegebahnende Energie der Muse, die Impulsgebung, ist auf die Verwirklichung unserer Visionen von Frauenkultur gerichtet!. . .!

Dorle-Margareta Schiran

meine muse/mars in haus vier in der waage

als ich vor jahren mit der astrologischen arbeit begann, gab es keine andere, als die herkömmliche literatur zu diesem thema. mars im vierten haus sollte, so stand da immer wieder zu lesen, für frauen bedeuten, dass sie sich extrem schwer mit der autorität 'vater' tun und in ständiger auseinandersetzung mit ihm lägen.

erst einmal untersuchte ich diese etwas oberflächliche aussage an hand meiner eigenen vatererfahrung: da war nichts nennenswert aggressives — die üblichen absetzungstendenzen in der pubertät, ansonsten war mein vater seit meiner frühesten kindheit eine nebensächliche figur für mich, im krassen gegensatz zu meiner mutter. auf alle fälle war er kein objekt extremer auseinandersetzung gewesen.

allerdings, wenn ich tiefer ging: vater für vaterland, vater-kultur, vater-gott, verhaltensweisen, die aus dieser kultur kamen, das berühmte 'mann tut dies. . .' — wenn ich vater als synonym für all das nahm, dann ja, dann hatten die herren astrologen recht, das hatte meine unbedingte ablehnung, abgelöst von phasen der versuchten ignoranz und gleichgültigkeit und begleitet von dem anhaltenden gefühl, dass dies weder mein land, noch meine kultur, noch meine familie sei. ich besaß weder 'familiensinn', noch hatte ich je 'heimweh', noch war ich imstande, meines vaters wunsch nach einer 'gebildeten mitteleuropäerin' zu erfüllen, weder wollte ich es, noch gelang es mir. ich war nicht zu 'erziehen'. ich spürte ganz im gegenteil ein manchmal verzweifeltes wissen um andere kulturen, andere soziale zusammenhänge. was ich begriff, war, daß die aktivität gegen diese kultur aus einem tiefen wissen um mutterkulturen stammte, kulturen, in denen eine frau ihre eigene autorität war. ich ging also davon aus, dass die aussage: 'mit mars in haus vier streitet eine frau mit ihrem vater' für uns bedeutet: 'mit muse/mars in haus vier hat eine frau ein tiefes gefühl, einen kanal, zu anderen kulturen, die sie aktiv sein läßt gegen diese vaterkultur'.

durch die betrachtung und besprechung vieler anderer frauenhoroskope konnte ich die hypothese bestätigen. es scheint, als gäbe es durch diese häuserstellung ein nicht sozialisierbares potential, das einer frau dazu verhilft, selbst aktiv zu sein, waltend über ihr eigenes geschick und ihr dadurch gleichzeitig verunmöglicht, sich fügsam verwalten zu lassen — was natürlich und zwangsläufig heute zu 'aggressiver auseinandersetzung mit der vaterfigur' führt.

ob sie selbst diese ihr innewohnende kraft stimmig erleben, konstruktiv für sich besetzen kann, oder ob sie zum psychiater geht, um sich diese 'unliebsame' eigenschaft wegtherapieren zu lassen, ist dabei noch nicht untersucht. ich kenne für mich alle nuancen und schwankungen in dieser hinsicht. wenn auch die, es nicht haben zu wollen, fügsam zu sein und nicht mehr aus der reihe zu tanzen, eher minuten, manchmal stunden anhielt und bei mir nicht zur tat gegen mich selbst führte.

ich habe meine muse/mars ja auch in einem harmonisierenden zeichen: der waage. die färbung durch das tierkreiszeichen hat es mir ermöglicht, die erfahrung mit möglichst wenig schmerz zu machen. die erfahrung des wurzellos Seins, des enttäuschend (jedenfalls für meine familie) unerziehbar Seins, des nicht-dazu-gehörens, ist ohnedies schmerzhaft, solange wir nicht wissen, wohin wir ***dann*** gehören, wenn nicht dazu.

ich blieb dieser kultur innerlich fern, ließ mich nicht erreichen, und gleichzeitig versuchte ich, sie zu begreifen, ihr 'gerecht' zu werden, indem ich an der oberfläche 'mitspielte'. (diese aussage kann ich heute treffen, früher wurde ich oft als oberflächlich bezeichnet, und das traf, weil es auf eine bestimmte weise wahr war.)

meine jungfrau-sonne half mir, die spielregeln dieser kultur zu erlernen, sie zu kennen, die menschlichen mechanismen zu durchschauen, die darin walten und ließ mir die möglichkeit, innerlich nicht getroffen zu sein, nicht wirklich berührt, nicht verquickt zu werden. mein kern blieb unberührt.

die waageenergie hingegen, in der meine muse agiert, hat mich gelehrt nicht einzelne väter-söhne-männer anzumachen, mich nicht aufzureiben in persönlichen konfrontationen und schuldzuschreibungen, sondern bei meinem tiefen gefühl und meiner gründlichen suche nach 'mutterrecht' zu bleiben und die armseligen mechanismen zu durchschauen, denen zwangsläufig die einzelnen im vaterrecht anheimfallen. das heißt nicht, daß ich den einzelnen mann von seiner verantwortung für das, was er tut, in welchem system auch immer, entbinden will.

ich streite nicht mit dem einen oder dem anderen, ich streite für das mutterrecht. ich lerne, es zu vertreten, unverSöhnlich. dadurch bestreite ich dem vaterrecht seine existenz. das ist für mich die waage, in der meine muse strahlt: gerechtigkeit, harmonie der gesetze, mutterrecht.

was den aspekt der sexualität anbetrifft, so ist für mich, wie für die meisten anderen frauen, das umfassende verständnis und erlebnis von sinnlichkeit, körperlichkeit mit frauen nicht allein durch die muse/mars-stellung zu erklären. was ich wahrnehmen kann, ist, daß ich über den aktiven, wollenden, begehrenden augenblick in der sexualität ein tiefes wissen habe, vor allem darüber, wann ich die ganze kraft dieses begehrens überhaupt zulassen kann, ohne daß es ein hierarchisches gefälle von wollender / gewollter gibt, ohne daß es in ein besitzen-wollen abgleitet, oder in die anderen, vielfältigen nuancen pervertiert plastifizierter gefühle und handlungen.

wo das 'ich will dich', das begehren, im 'ich will dich in mir erInnern', jenseits von besitzenwollen, angesiedelt ist, dort, wo ich erkennen will, erfahren will und verantwortlich sein für das erfahrene, dort ist auch der augenblick, wo ich begreife, warum die muse im achten haus erhöht ist.

hier ist es, wo ich mich gleichzeitig dieser erInnerung öffne und meinen gezielten imPuls sende. wo ich veränderungen zulasse und veränderung beWirke. in diesem augenblick gebäre ich in mir einen weiteren aspekt der Selbst, den die frau, die sich mir gezeigt hat, verkörpert. ich werde danach nicht mehr dieselbe sein, die ich vor dem erkennen war.

tod und geburt — ich setze mich aus den frauen, den pflanzen, den tieren, den wassern, den winden zusammen, aus all denen, die ich begehrte / begehre, 'wollte' und die es zugelassen haben, daß auch sie mich im selben augenblick 'wollen' und wir gemeinsam erlebt haben, daß wir uns im selben augenblick auch gaben.

Ute

Ich habe lange überlegt, in welcher form ich am besten die energie der muse deutlich machen kann, da ich etwas über den kern, über das grundsätzliche weiblicher museenergie, aussagen wollte. Ich habe mich dann für die form einer geschichte entschieden. Im nachhinein ist mir klar geworden, daß sich meine ganz persönliche mars / museenergie darin wiederspiegelt. Meine muse steht in konjunktion mit pluto im löwen am beginn des 12. hauses, in quadrat zu meiner venus in skorpion.

»Sie kommt aus neuen impulsen«

Sie hatten sich gestern abend verabredet.
Lesbe »eingelassen« und lesbe »affaire«.
Warum?

Jede hatte ihre gründe. Eingelassen war an einem punkt im leben mit ihrer freundin gekommen, an dem sie weder aus den jahren, die sie miteinander geteilt hatten, noch aus den vielen dingen, die sie miteinander lebten, genügend kraft und freude schöpfen konnte.

Irgendwie war sie auf dieses fest bei freundinnen geraten und sie hatte den ganzen abend mit einer frau, die sie sehr anziehend fand, nebeneinander, später aufeinander zu getanzt.

Affaire hatte sich von einer freundin überreden lassen, auf dieses fest zu kommen. Diese freundin wollte sie rausholen aus ihrer einsamen trauer um die trennung, das loslassen von ihrer geliebten. Sie erinnerte affaire daran, daß es ihr immer gut getan hatte, sich in das hin und her, tanzen und kreisen mit frauen fallen zu lassen, sich einfach mitreißen zu lassen von frauengelächter — frauenspiel — frauenberührung.

Deshalb war sie gekommen, und sie spürte, wie die einsamkeit sie verließ unter all den tanzenden frauen, wie lachen in ihr aufstieg und freude sich in ihr ausbreitete. Langsam bemerkte sie, daß sie immer konzentrierter mit einer frau, die ihr sehr gefiel, zusammentanzte.

Bevor beide das fest verließen, waren sie noch in's gespräch gekommen. Ihre arme hatten sich berührt und ihre augen versuchten, sich anzuschauen.

In der folgenden nacht hatten beide ihre gedanken. Affaire lag alleine im Bett und wollte sich viel zeit nehmen und genau hinschauen, ob es für sie um einen neuen beginn in liebe und leid ging, oder ob ihre begegnung noch andere motive hatte.

Eingelassen lag neben ihrer freundin und wußte nicht, ob es die zeit war, ihren gefühlen im bauch nachzugehen, ob sie genügend mut hatte und ob sie den ganzen aufruhr, den es auslösen würde, wert war.

Als sie wieder voreinander standen, war es abend geworden. Es wurde viel gesprochen, am deutlichsten aber sprach m u s e , deren energie sich in ihnen ausbreitete. Sie flüsterte — »ich begehre dich« — in ihrer zarten, eindringlichen weise, und sie bewegte sich nach vorne, begann.

Muse zeigte ihre existenz zwischen beiden, indem sie in ihnen den mut erweckte, den impuls dafür gab, daß die beiden sich trotz ihrer bedenken aufeinander einließen.

Eingelassens dämme barsten. Dämme, an deren aufbau viel zeit vergangen war, die wohlgesichert schienen gegen unbekannte mächte, gegen ungefragte, neugierige kräfte.

Affaires lust zur liebe erwachte, wie nach einem hundertjährigen schlaf, in dem der sinn zu begehren, liebe zu geben, versunken war.

Und sie liebten sich. Ihre gleichzeitig zärtliche und leidenschaftliche lust drang immer intensiver durch haut, fleisch und knochen in ihre inneren höhlen — schatzkammern — ein und ließ kostbarste perlen und verzauberte edelsteine aufstrahlen.

Sie verlangten voneinander die volle wahrheit, und so breiteten beide ihre kräfte voreinander aus.

Affaire wünschte, geliebt zu werden für ihre kräfte, die den wandel, die auflösung initiierten, wann immer sie den verlust von freier bewegung aufeinander zu erkannte. Sie wünschte, anzukommen in einem land oder netz von frauen, wo diese sich bergen und hüten, wo ihre kraft in jeder der frauen verehrt würde. Die kraft, sich immer wieder der auflösung, dem wandel hinzugeben, um sich neu zu gebären, neu zu gestalten, sich erneut am da-sein erfreuen zu können.

Eingelassen wünschte, geliebt zu werden für ihre kräfte, die das neugeborene und wieder erinnerte liebesland mit ihrer geliebten zu einem tiefen bündnis werden ließen. Ein bündnis, dem sie bereit war raum und zeit zu geben, damit sich alle aneinander vorhandenen wünsche und pläne darin erfüllen könnten. Sie wünschte sich, in einem land anzukommen, in dem frauen diese kraft in jeder verehren, und sie wußte, daß es ihr zutiefst helfen würde, den wandel in ihrer liebe, das fort- und loslassen, das teilen und mitteilen ihrer liebe, mit mehr vertrauen begegnen zu können.

Und sie liebten sich inniglich, voller freude über ihr zusammenkommen. Über soviel tausenden von jahren waren sie voneinander getrennt gewesen in zwei gegensätzen, zwei dualen polen, zwei unvereinbarkeiten, zwei wertungen: eingelassen, fest und gesichert ist gut, affairen sind schlecht, es sei denn, mann braucht es ab und an mal, um sich neuen schwung zu holen . . .

Mit all der kraft, die wir hoffnung nennen, bewegten sie sich aufeinander zu, um sich immer wieder ihres gemeinsamen mittelpunktes, ihrer liebe zueinander, bewußt zu werden. In ihrem ringen und kämpfen, diese formen des wandels in der lust und der liebe in ihr leben zu integrieren, wuchs ihre hoffnung darauf, daß frauen, die frauen lieben und begehren, immer mehr die kraft, mut und glauben finden können, daß wir frauen wandlungsfähige wesen sind, die über festgehaltene, patriarchale formen und normen, wie sich weibliche erotik und liebe zu leben und zu begrenzen hat, hinaus — und hinüberleben.

Gemeinsam werden wir dann in unbekannte räume eintreten und uns geheimnisvolle türen öffnen, um uns hilfreicher und verständnisvoller begegnen und begleiten zu können bei unseren übungen, unserem lernen — bei unseren gelebten erfahrungen vom wandel des marses in die muse.

Jade

ANALOGIEN

astrologisches Symbol:	♂ ♂
Tierkreiszeichen:	Widder
Element:	ursprüngliches, zündendes Feuer
Zahl:	3
Farbe:	orange, rot
Göttin:	Erate, Daphoine, Cerridwen (keltisch)
Tarot:	XVI Tower
Edelstein:	Rubin, zusammen mit Saturn Granat, mit Pluto und Merkur Hämatit
Metall:	Eisen
Baum:	Stechpalme
Heilpflanze:	Distelgewächse, Weinraute (Ruta graveolens)
geometrische Form:	Dreieck
Chakra:	formgebendes Chakra, gemeinsam mit Venus und Neptun (Venushügel)
Körper:	Klitoris, Leber, Blut
Tier:	Schlange, Tiger
Wochentag:	Dienstag
Getreide:	Hafer
Bewegung:	/

HERA / JUPITER

den tropfen aus zeit lausche ich.
die schale aus stein halte ich.
die fäden aus blut knüpfe ich.
das gesetz schreibe ich in den
fluß meines / deines leibes.

*nimm zurück dein frühjahrszepter**
und den herbstlichen apfel der
unsterblichkeit
nimm sie wieder aus den händen des
heros, der sie hielt für eine weile*
sichtbarer zeit.
erinnere dich hera,
der schwestern,
amazonen sophias, der eule.

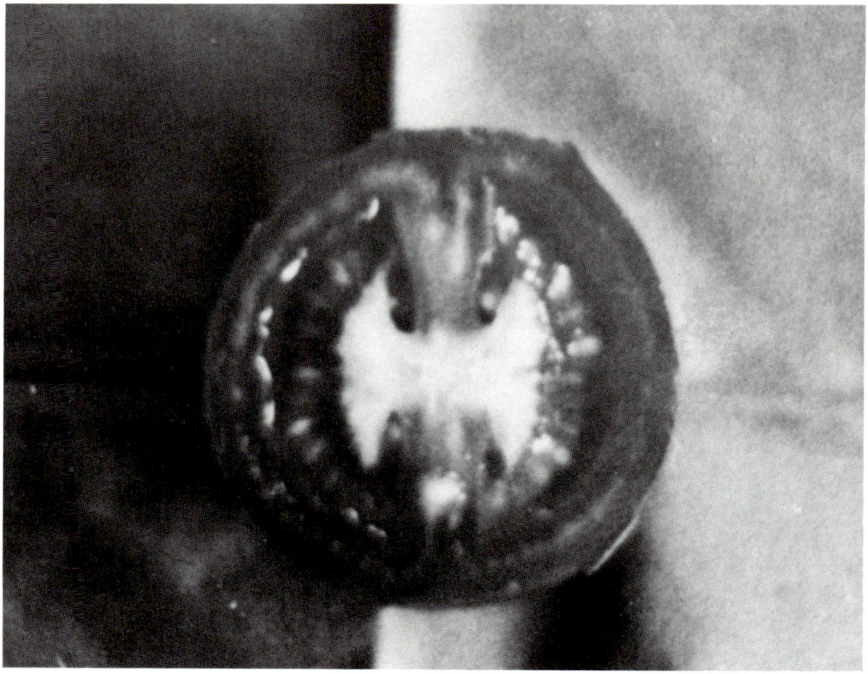

hera / jupiter ist eine der planetenkräfte, die durch die veränderung, die transFormation, die sie durch die patriarchale anwendung ihrer energien erfahren hat, in ihrer gynozentrischen kraft schwer zu fassen ist.

ähnlich wie bei muse / mars hat die transFormation beWirkt, daß jupiter ihre bündelung, die konzentration ihrer kraft, nicht mehr aus dem ausgangspunkt, dem herd*, schöpft, sondern sie mit ziel Sucht. jupiters blitz fährt spaltend, grollend, strafend in ein wesen hinein. heras blitz ist die beWegende kraft, die den eigenen kern anregt, die wahl des weges ermöglicht in den inkarnierten räumen, wege des wachstums und der fülle.

da die wahrheit / das mutterRecht / der ursprung nicht gänzlich geleugnet werden kann, ohne daß sich jupiter / zeus lebensunfähig macht, finden wir in seinen attributen, seinen gesetzen, wissen und richtigkeiten, die aus hera's kraft stammen und die durch die verbindung der beiden auch in jupiter strahlen. diese verwirrung zeigt sich in all den religionen, philosophien, in den attributen von fülle und großmut, die als teile der wahrheit, momente des wissens, als gesetz, das Recht birgt, vorzufinden sind.

manchmal, wenn wir der verwirrung, der Ratlosigkeit und der Suche nach unsSelbst müde sind, entwurzelte wanderinnen, scheint es uns einfacher, wir könnten alle uns zur verfügung stehenden religionen, philosophien, denkmodelle vom tisch fegen, ohne uns der mühsal des forschens, des suchens auch in diesen systemen zu unterziehen.

mühselig ist dieser weg nicht nur wegen der bruchstücke, die wir zusammensuchen müssen, sondern auch wegen der gleichzeitigen wachsamkeit uns Selbst gegenüber, dem mißtrauen, vielleicht wieder in eine falle zu tappen, aus sehnsucht nach heimat.

jupiter können wir schon klar sehen, den räubergott, vergewaltigergott, der heras zepter und apfel raubt, ihn, der seine herrschaft (her!) mit gesetzen fundiert, mit überZeugung, mit der rechtFertigung seiner untaten als natUrgeWalt. seine freiheit erkennen wir als die freiheit von Ihr, vom Ursprung, die nicht freiheit durch Sie ist. Sein glück, wissen wir, baut auf dem unglück der untergebenen auf, seine fülle, so sehen wir, kommt aus der gewißheit des herrschers, daß für ihn gearbeitet wird. seine weisheit bedeutet hierarchischen aufstieg aus dem urGrund in stufenweise höhere sphären, bis nichts ihn mehr an Sie erInnert, aus der er kam, von der er erhielt, was er ist. Seinen idealismus haben wir und die erde in unzähligen bruder- und religionskriegen erfahren. die erde ist übersät von diesen narben. mit unserer Einschätzung zu ihm also haben wir es relativ einfach. mit ihm brauchen wir weder zu rechnen, noch zu rechten. da sind wir sicher, daß die zeit gekommen ist, in der wir ihm keine nahrung mehr geben — in der fortuna, »sie, die das jahr bewegt«, das rad, das aus milch besteht (galaxis*), ihn nicht mehr nähren wird.

aber wer ist Sie in uns, hera, ihres herdes beraubt? wir mißtrauen den wegen und philosophien, den religionen der zeit, weil wir in ihrer gestalt die vergewaltigung erfahren haben und den verSuch der vernichtung nur mit knapper not zu entkommen

scheinen. wir mißtrauen den vielen wegen, die lächelnd zurück in patriarchale muster führen. und wir mißtrauen uns Selbst in unseren eigenen patriarchalen mustern. wir versuchen uns gegenseitig wege aufzuzwingen, ohne jeder frau ihren weg zu lassen. wir tun es aus angst, wir könnten uns wieder verRaten, verkaufen an jupiter, der alles gnädig zuläßt, solange er nicht ernsthaft in frage gestellt wird und seine nahrung aus weiblicher zuwendung und liebe nicht versiegt. oder wir sind so begeistert vom eigenen weg, so überzeugt davon, daß wir in unserer begeisterung den eigenen weg generalisieren, andere frauen mitzureißen versuchen, ohne zu spüren, daß ihr weg nach Hause durch anderes land und andere erfahrung führt.

langsam, durch die zeit unserer gemeinsamen erfahrungen in einem wachsenden raum frauenidentifizierter kultUr, finden wir das netz aus verTrauen wieder. langsam werden wir Selbst wieder hüterin des herdes, der mitte. so, wie es im tarot heisst: »rota taro orat ator«: «das rad des tarot spricht das gesetz hathors«*, in uns erwacht sie, hera, hathor, fortuna, die vielnamige und ihr gesetz. je mehr wir wieder erInnern, herd Sind, wurzel Sind, desto vertrauensvoller geben wir den schwestern, ohne zu fürchten, sie könnten all unser wissen wieder zu den heroen, söhnen, gatten tragen. je mehr wir erleben, daß wir überhaupt wählen können, ohne mit jeder wahl an uns vorbei zu wählen, desto stärker wird unser netz, das wege zulassen kann. je mehr wir BeiUnsSind, desto klarer Sind wir das gesetz, das großzügig geben kann, weil es keine angst haben muß, vor der armut und dem ausgeliefertSein.

unsere sehnSucht, unsere visionen, unsere ungestillten fragen, unsere liebe zu uns Selbst geleiten uns nach hause. wir initiieren einander in die wahrheit. in diesem feuer leuchten unsere zellen auf. so finden wir die freiheit wieder am möglichen spiel, das ohne zwang aus gleichzeitigkeit und vertrauen entsteht. wir kommen nach hause. schritt für schritt.

da hera, wie alle unsere großen, dreifaltigen, unTeilbaren göttinnen noch immer ein geheimnis in den zellen unserer körper nicht preisgegeben hat, haben wir beschlossen einige unserer trancereisen an diese seiten anzuhängen — geschichten, die in anderen worten unter dem schleier leben, schutz und weisheit gleichermaßen.

Zu Beginn der Trance sah ich einen großen Steinquader, der ins Meer sank. Mein Gefühl war, daß er Zeichen und Informationen eingraviert hatte, die ich jedoch nicht sehen konnte. Der riesige Quader sank tiefer und tiefer hinab bis er auf dem Meeresboden aufkam. Dort begann er sich ganz allmählich aufzulösen, bis er nicht mehr sichtbar war. Das Gefühl von einer sich konzentrierenden Feuerenergie stieg in mir hoch, bis es sich zu dem Bild eines glühenden Balls verdichtete, der auf einem fontäneartigen Wasserstrahl aus dem Meer hinaus ins All geschleudert wurde. Dort raste die gleißende Kugel eine zeitlang orientierungslos hin und her, bis sie von breiten, bandartigen Fäden eingesponnen wurde. Diese Fäden gingen von den anderen Planeten aus. Die glühende Feuerkugel befand sich nun in einem Spinnennetz, in Verbindung mit den anderen Planeten, was zur Folge hatte, daß eine Beruhigung eintrat, daß das rastlose Dahinjagen beendet war. Ruhig und gleichmäßig schwang sie nun im Einklang, im Gesamtrhythmus aller Planeten durch das All. Worte wie — Jupiter benötigt Hilfe, die Energien der anderen Planeten, das Eingebettetsein in den Gesamtrhythmus aller, um die Gesetze zu erinnern.

Birgit

ich komme nicht, wie ich eigentlich erwartet hatte, auf einem sternenkörper an, jedenfalls erscheint es mir nicht so. vor mir liegt ein hochplateau im halbdunkel eines späten sommerabends. zelte, ein zentrales feuer. frauen, die um das feuer sitzen. drei kreise bilden sich. die frauen trommeln, tanzen wild, brechen plötzlich ab und stieben auf ihren pferden in alle himmelsrichtungen davon. am feuer bleibt eine alte frau sitzen. (ich kenne sie aus früheren trancen. sie ist mir geduldige freundin gewesen, oft.) nach langer zeit kommen die reiterinnen zurück. so ungestüm und plötzlich, wie sie aufgebrochen sind. jede bringt etwas mit und legt es der alten mit den worten »hier, sieh mutter!« in die hände. steine, pflanzen, tiere, gemachtes und gewachsenes. die alte sieht sich jedes stück, jedes lebewesen aufmerksam an und gibt es nach einer weile an die überbringerin zurück.

wie aus dem nichts tauchen vier zentauren auf. aus jeder himmelsrichtung einer. sie legen ungehindert ihre pfeile an, schiessen auf die alte frau. sie fällt, wie ein alter baum gefällt, um. in ihrem kopf stecken vier gefiederte pfeile.

erneut die anfängliche bewegung. die frauen stürzen auf ihre pferde, diesmal um die zentauren zu verfolgen.

es scheint, als wären tausende von jahren vergangen — noch immer liegt die alte unverändert am niedergebrannten feuer. die vier pfeile stecken in ihrem kopf. die frauen kehren zurück. ich habe das gefühl, als hätten sie über dem langen weg, den sie zurückgelegt haben, ihre gesetze, unter denen sie aufgebrochen sind, vergessen. dafür haben sie unschätzbare erfahrungen gemacht, auch die erfahrung der gefahr.

wie beim ersten mal wollen sie der alten ihre gaben reichen. die alte bleibt unbeweglich und leblos. die jungen frauen sind zornig und ratlos. hinter ihnen bildet sich ein nebelring. wassernymphen tauchen aus ihm auf. sie schreiten durch den kreis der frauen auf die alte zu, legen ihr wortlos die hände auf und ziehen einen pfeil nach dem anderen aus ihrem kopf. die alte erwacht.

und wieder nimmt sie von allen frauen die gaben an, aber diesmal gibt sie nicht nur jeder das ihre zurück, sondern sie macht bei jeder eine kleine, zarte geste, wie ein geheimes zeichen, so, als erhielte jede frau etwas besonderes von ihr. jede etwas anderes.

die frauen beginnen zu tanzen, bewegen sich in einer spirale. der tanz wird rasend, durch die beWegung entsteht eine art windhose, die aufsteigt und sich ausbreitet. sie entlädt sich als gewitter, fruchtbar und energetisierend, weithin reichend. noch eine ganze weile kann ich dies sich ausbreitende energiefeld in meinem körper spüren.

ute

Ich fliege auf Jupiter zu, werde von ihr angezogen. Immer schneller und schneller wird der Flug, immer stärker der Sog. Ich fliege durch die Gaswolken hindurch, denke, daß ich jetzt bald ankommen muß. Irrtum! Ich bekomme keinen Boden unter den Füßen, erreiche kein festes Ziel. Weiter und weiter hinein in das Gasgemisch geht mein Flug. Endlos. Schließlich spüre ich, wie ich selbst Bestandteil dieses Gasgemisches werde.

Ich flitze, nein, fließe weiter und weiter, rund, spiralig, endlos. Mit einer wahnsinnigen Geschwindigkeit. Endlose Weite. Sie ist schön, diese Weite, atemberaubend schön. Ich genieße sie. Ich zerfließe in ihr.

Irgendwann jedoch wird es langweilig. Ich sehne mich nach einer Grenze, nach einer Be-, Abgrenzung. Aber es kommt keine. Nur Weite, nichts als Weite.

Ich denke, gut, dann muß ich mir die ersehnte Begrenzung selbst schaffen. Ich nehme also meinen ganzen Willen und richte ihn darauf, eine Begrenzung spüren zu wollen. Es geht nicht. Ein weiterer Versuch. Wieder nichts. Nur diese Weite, die allmählich zur Bedrohung wird.

Wenn die Begrenzung also nicht durch mich erfolgt — durch wen denn dann? Das All. Die Natur. Die natürlichen Gesetzmäßigkeiten. Aber wo sind sie in dieser unendlichen Weite? Ich kann sie nicht spüren. Immer noch zerfließe ich, breite mich mehr und mehr aus. Und nichts gebietet mir Einhalt. Auch die Natur kann mich nicht begrenzen — ich zerfließe in ihr.

Meine Sehnsucht nach einem Einhalt wird immer größer. Diese endlose Weite muß doch irgendwann einmal einfach aufhören! So endlos kann doch gar keine Weite sein! Ich bemühe mich verzweifelt, diese Begrenzung zu finden, die Gesetzmäßigkeit — an deren Existenz ich mich erinnere — wiederzufinden. Nichts. Alles verschwimmt in dieser Weite.

Dann, endlich, begreife ich: wenn ich ständig nach dem Einhalt suche, werde ich ihn nie finden. Ich darf nicht festhalten. Ich muß einfach durchlassen, fließen lassen, muß Vertrauen fassen, dieser Bewegung, der sich ausströmenden Weite, nachgehen. Dann erreiche ich zwangsläufig die Begrenzung, nach der ich mich so sehne, irgendwann. Denn die Weite ist endlich und führt letztendlich zum Kern.

Dorle-Margareta Schiran

Ich begegne der Regentin meines Sonnenzeichens und ersten Hauses in ihrer Planetengestalt. Ihre Größe ist nicht faßbar, und ich umkreise sie wie ein Mond, als Teil ihres Systems. In meinen Gedanken und Gefühlen bauen sich Gegensätze auf, mein Körper (vielmehr das Gefühl eines Körpers) dehnt sich aus, zieht sich auseinander, was ich als Entfernung der Füße vom Kopf empfinde.

Schlagworte wie diese: »Glücksplanet, Weisheit und Weite, Gesetz, Geschwindigkeit und Freiheit . . . « kommen mir in den Sinn. Sie werden sinnlos, weil eine andere Erfahrung an ihre Stelle tritt. Schnelligkeit ist vom Rhythmus losgelöst, Ruhelosigkeit wird zum Ziel, Weisheiten lassen sich nicht durch geschriebene, starre Gesetze ersetzen, zwischen Macht und Ohnmacht ist Freiheit ein absurder Begriff. In einer endlosen Ausdehnung (auch endloses Wachstum) fühle ich mich verloren, sie wird zu einem Zerriß zwischen der inneren und äußeren Welt. Glück, eine private Sache, in deren Bildern ich mich nicht finden kann? Es sind Erinnerungen vom Einklang und rhythmischen Austausch mit den Zellen meines Körpers und den Erscheinungsformen des Lebens. Ganzheitlichkeit ist eine Sehnsucht, ist ein Schmerz, der sich zwischen den Träumen und Realitäten festsetzt. Ich kenne das Gefühl, das jetzt ins Bewußtsein dringt, seit meinen »Mädchentagen«.

Zwischen dem Bedürfnis abzubrechen und dem Wunsch weiterzumachen, tauche ich in die turbulente Atmosphäre dieses Planeten, in den Wirbelsturm der Wolkenmassen ein. Farben fließen in ihren sich ständig wandelnden Kombinationen der Grund — Farb — Töne (ähnlich der Achate) ineinander. Die Übergänge sind zart. Es ist ein Spiel, das einem Tanz gleicht, in das ich einbezogen oder auch hineingerissen werde. Gedanken und Worte treten zurück, und ich finde auch keine Worte für eine Beschreibung. Ich lasse mich tanzen mit der zu Beginn auftretenden Verkrampfung einer Ungeübten.
Irgendwann und unmittelbar ist Grund unter meinen Füßen. Grund, um innezuhalten, zu hören, zu sehen, zu be-greifen, sich den innersten Gründen zu stellen. Dieses »Land« bietet kein Ziel, nur Möglichkeiten und Wege. Glück ist es, wenn ich den »Ariadne-Faden« in den Händen halten, den Faden immer wieder aufnehmen kann, die Füße dem Kopf, der Kopf den Füßen gehorcht. Glück ist es auch, wenn »Lähmungen« (das nicht-funktionieren-können) die Spaltungen aufdecken, mich letztlich meinen Weg gehen lassen, auch wenn ich es nicht begreife.

Die Schwellen zwischen den Träumen (oder auch Erinnerungen) und den Realitäten (oder auch krankmachende, zerstörende Wirklichkeit) sind immer noch hoch . . . und mit dem Blick zurück in die Zukunft zu gehen, will geübt sein.

Heide

ANALOGIEN

astrologisches Symbol:	♃
Tierkreiszeichen:	Schütze
Element:	luftig-leichtes, sich ausdehnendes Feuer
Zahl:	9
Farbe:	blau, lila
Göttin:	Hera, Artemis (gr.), Diana (röm.), Minerva (röm.), Astraea
Tarot:	X wheel of fortune
Edelstein:	Tigerauge, Amethyst
Metall:	Zinn
Baum:	Akazie
Heilpflanze:	Hauswurz (Semreoivum tectorum), Efeu-Gundermann (Glechoma hederacea)
geometrische Figur:	»Sanduhr«-Pyramide
Chakra:	Kniechakra (gemeinsam mit Saturn)
Körper:	Ober-, Unterschenkel
Tier:	Pferd, Antilope, Condor
Wochentag:	Donnerstag
Getreide:	Roggen
Bewegung:	

SATURNIA

— der stein — der kristall —

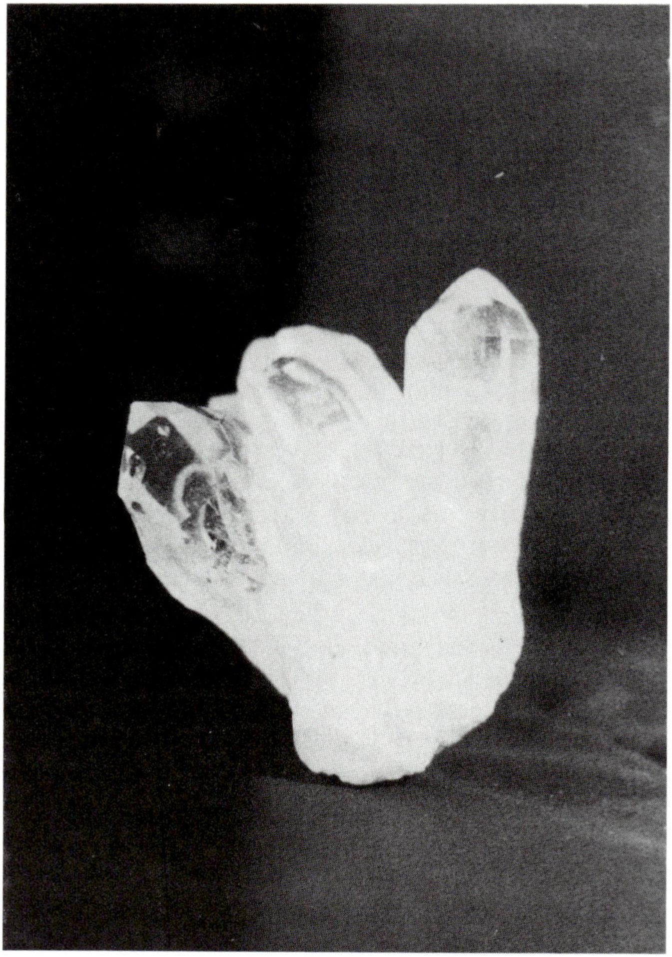

Auf jeden fall hatte sie sich doch weit und liebend, beweglich und mutig gefühlt, erinnerte sie sich. Was war dieses bohrende gefühl, fast wie ein un-sichtbarer druck, der sie an eine in ihr bestehende wand drückte? In ihr verdichtete sich etwas. Sie hatte es eigentlich schon immer mit sich herum geschleppt, im glauben, es verschwände, wenn sie es nicht wahrnehme oder keiner bedeutung beimesse. Sie wollte diesen schweren, unbedeutenden gefühlen keinen raum geben — und doch drückte sich dieses etwas immer mehr in ihr zusammen. Sie hatte lächeln wollen, wie gehabt, so tun, als ob nichts wäre — aber nein, es wurde nur eine gezwungene gesichtshilflosigkeit und ihr ganzer körper verkrampfte sich. Immer stärker wurde der vordergründige, dann der hintergründige rückzug. Begegnung in diesen gefühlen war qual — es hätte bedeutet, den schmerz, die angst, das nicht gesehen-werden-gefühl, zu offenbaren. Auszudrücken, wo genau ihre enttäuschung, verletzten erwartungen auftauchen, würde bedeuten, all diese schweren, mißtrauischen gefühle und gedanken den anderen gegenüber zu zeigen.

Nein — lieber warten, bis es vorbei sein würde und dann weiterleben, — arbeiten. Sie wußte jetzt, wie sie es am besten machen konnte. . . Immer dann, wenn dieses schwere etwas auftauchte, verschwand sie in die dunklen gänge des allein-gelassenseins. Trotz. Und warten, bis es vorbei war. Aber es war doch auch wahr, was sie gefühlt, gesehen und gedacht hatte — sie mußte sich so mühen und anstrengen, damit es raum und wahrnehmung in ihrem leben finden konnte. Aber sie tat es doch nicht nur für sich — konnten die anderen nicht mehr aufmerksamkeit und sorgsamkeit aufbringen, damit sie es auch für sich verwenden könnten? Jedoch für die anderen schien es noch nicht mal von bedeutung, geschweige, daß sie es überhaupt bemerkten.

Und sie träumte. Eine stimme in ihr sprach mit weisen, anerkennenden worten von ihrer leistung, ihrer aufgabe, die sie immer wieder — entgegen dem gefühl, grad jetzt verweigern zu wollen — zu verwirklichen versuchte. Das wesen ließ sie wissen, daß ihre mühe sinn, tiefen sinn für sie haben würde, weil sich in diesen überwindungen ihre fundamentalste kraft, ihre erdverwurzelung, entwickele.

Und sie erfuhr, daß alle wesen diese erfahrungen, ganz besonders und getrennt von einander, durchleben müßten, um sich auf der erde zu materialisieren. sie sah im traum, wie aus dem dunkelen, schwerlastigen stein in der hand des wesens ein funkelnder kristall wurde, wie kosmisches licht vielfältig hineinströmte und gesammelt und konzentriert aus dem kristall herausströmte.

Im laufe der zeit begann sie zu spüren, daß es sie freudiger, fast freier machte, sich auf den druck einzulassen, ihm nachzuarbeiten — zu formen — zu leben — und die lange zeit des verweigerns und es doch tun müssens wurde durchlässiger und nahm viel schneller und rhythmischer neue schwingungen und stimmen mit in ihr sein auf.

Saturnisches phänomen oder die wiederkehr saturnias

Saturnische kräfte werden besonders aktiviert, be- und hinterfragt im saturn-return, der wiederkehr des laufenden saturns über dem geburtssaturn, was ca. alle 29,5 jahre passiert. In dieser zeit läßt uns saturnia zumeist sehr schmerzhaft wahrnehmen, wo wir unserer vollen verantwortung und unserem denken und handeln noch ausweichen und die anderen und falschen umstände dafür verantwortlich machen. Da der eigene maßstab des sich konzentrierens und verantwortlichmachens noch nicht genügend entwickelt ist, passiert tatsächlich ein zu viel oder zu wenig im verantworteten tun.

Ein allseits beobachtetes muster in dieser zeit ist, sich mit sicherem instinkt grenzen zu suchen — in sich selbst und in den anderen.

*Auf der suche nach meinem kristall —
hüterin der schwelle, halterin des torschlüssels,
sag mir, welche aufgabe ich habe?*

Satanas-Satyr — die teufelin — kommt stets mit den verlockenden, gesicherten werten des vorhandenen, was sich durch lange zeiträume als gut und stabil, als ausdauernd bewährt hat. So hat das schon lange gesicherte und stabile, demokratisch-kapitalistische patriarchat seine aufgaben für frauen — auch für frauen wie ich es bin — konstruiert und institutionalisiert. Es gäbe da die industriekauffrau — oder noch besser, da es mehr meinen anlagen entspräche, die jugenderzieherin. Berufe, die ich erlernt habe, aber aus denen ich ausgestiegen bin, da sich mein innerstes immer wieder verweigerte, praktiken und techniken, werte, moral und gesetze, die das patriarchat stützen und sichern, zu meiner berufs- und existenzgrundlage zu machen.

Nun bin ich bei dem biologisch und weiblich stabilsten und bewährtesten beruf/aufgabe angekommen: ich erziehe und umsorge meine tochter und damit auch ihre freundinnen. Das geld kommt zwar nicht nur aus papas händen — es kommt auch vom großen Vater Staat, dem sozialamt, und es läßt mich gerade überleben.

Wovor hüte oder behüte ich mich, wenn ich — statt meinen sicherheits- und geldwünschen nachzugehen und in einem meiner berufe arbeite, um diese zu befriedigen — in einem abgelegenen zuhause auf dem lande lebe, mit garten und hausrenovierung beschäftigt, viel zeit und raum in meine liebes- und freundschaftsbindungen verwende, intensiv am aufbau eines lebens- und kulturzusammenhanges unter frauen arbeite und zur zeit — unter größter anstrengung, aber auch sinnlich-geistiger schöpfungsfreude — mit einigen schwestern an diesem buch schreibe?

Ich weiß, daß ich mich vor unehrlichkeit und nutznießerischer anpassung, vor trägheit, hüte, wenn ich mein anders-sein (emotional, geistig und existentiell) vor der heterosexuellen, freiheitlich-demokratischen gesellschaft abgrenze. Ich will hier dieses mütterliche vaterland und die von ihm geschaffenen möglichkeiten für frauen — den sozialstaat, der auch mich als ledige mutter nährt — nicht verdammen, verleugnen als eine tatsächliche existenzquelle, oder ein standbein, auf das frau zu stehen hat.

Aber ich kann und will auch nicht mehr vergessen. . ., daß es seit geraumer zeit die ankunft einer anderen quelle gibt, die mich meine gefühle und meine liebe zu frauen erinnern läßt, die mein inneres dürsten nach mir selbst gestillt und meine wunden geheilt hat. Und diese quelle hat mich gestärkt, um erneut nach außen, nach oben schauen zu können. Sie hat mich bis zu einer schwelle begleitet, die mich prüft und herausfordert, mit all meinen gesamten, persönlichen kräften in das reich der frauen hinüberzutreten.

Und je tiefer die erinnerung an meine wurzeln, an meine ursprüngliche heimat in der nähe von frauen in mir aufsteigt, um so mehr konzentriert sich die kraft, mich zu äußern, mich außen sichtbar zu machen, mich selbst und früchte meines arbeitens nach außen zur verfügung zu stellen.

Und so stehe ich vor saturnia — der vielgehaßten und abgelehnten dame. Und sie zeigt mir mit herausfordernder ernsthaftigkeit und sanfter autorität die frauen-cafes und -kinos, die frauengesundheitszentren und frauenhäuser, frauenbuchläden und die häuser, in denen frauen ihr leben um einen herd miteinander teilen, die fleißigen handwerkerinnen und ihre märkte, frauenseminare und ferienhäuser und noch vieles mehr.

Und ich spüre, wie sie mich berührt, wie sie mich zärtlich und doch fest und sicher in ihre arme nimmt — diese vielgeliebte, unerbittliche, mütterliche Lehrerin. Und ich könnte verrückt werden vor glück, denn ich spüre ihr herz. Hinter all den ringen aus eis und stein glüht ihr herz, ist zeitlose, ewige liebe bewahrt — für mein da-sein, anders-sein — für die, die ich bin, die ich war und die ich sein werde.

Und ich spüre, wie ich immer durchlässiger werde für ihre botschaften, daß die zeit die innere wahrheit freilegt und daraus die form ihr leben erhält, und daß auch das niederschreiben unseres wissens um die heilkräfte der himmel und der sterne — für mich und für meine schwestern — notwendige, zu leistende arbeit abverlangt.

Und ich beginne mich aus der umarmung mit ihr zu lösen, aus ihrem sichtbaren, warmen druck und kehre zurück an meinen arbeitsplatz, um mich zu sputen, weil ich noch so viel tun muß.

als ich nach einer weile bei ihrem arbeitsplatz — sie ist organisatorin und leiterin aller weiblichen schöpfungen — vorbeischaue, liegt diese wundersame saturnia doch tatsächlich auf ihrem sofa und schläft eine erschöpfungspause lang.

ANALOGIEN

astrologisches Symbol:	♄
Tierkreiszeichen:	Steinziege
Element:	massive, sichtbar-formende Erde
Zahl:	8
Farbe:	grau, dunkelgrün, -braun
Göttin:	Chandra (Indien), Rhea
Tarot:	XV devil/Kristall
Edelstein:	Bergkristall, Onyx gemeinsam mit Pluto Karneol
Metall:	Blei
Baum:	Pappel, Birnbaum
Heilpflanze:	Eisenhut (Aconitum), Beinwell (Symphytum officinalis)
geometrische Form:	Sechseck
Chakra:	Stirnchakra (mit Pluto), Kniechakra (mit Jupiter)
Körper:	Knochen, Gelenke, Zähne, Knie
Tier:	Steinziege, Adler, Wolf, Kröte
Wochentag:	Samstag
Getreide:	Grünkern
Bewegung:	

URANIA

sternentanz
in zeit räumen raum zeiten
hingegeben
dem zärtlichen recht mir Selbst gegenüber
und der meerweiten intensität mit der ich dem
klang deiner hände auf meinem körper lausche
nach monaten noch.

urania ist die erste transsaturnische planetenkraft. unser individuelles beWußtSein nimmt sie erst allmählich Wahr.

sie wird mit worten wie »freiheit«, »gleichheit«, »überraschung« verbunden. entsprechend der unterschiedlichen auslegung dieser worte, ist die betrachtungsweise und lebensweise dieser qualitäten sehr verschieden.

die freiheit uranias scheint sich im plötzlichen freiheitsdrang aus zwängen, die eine länge ertragen hat, zu zeigen. für ihre umwelt bricht sie plötzlich und unerwartet beziehungen ab, reißt fesseln, die sie scheinbar klaglos getragen hat (oder gar nicht als fesseln erkannt) durch, macht »hundert-achtzig-grad-wendungen«, wirft hart erworbene sicherheiten und prestige über bord. alle schütteln den kopf.

«plötzlich« ist ein uranisches wort. plötzlich taucht etwas, ein gesicht, ein aspekt, eine schicksalshafte begegnung auf — keine weiß woher. plötzlich ist urania nur, weil wir kein beWußtSein haben über unsere unterirdischen tätigkeiten. nichts ist wirklich »plötzlich« an ihr, außer dem s i c h t b a r e n ergebnis ihrer intensiven arbeit in der dunkelheit. plötzlich erscheint uns der einfall, die blitzartige eingebung, die erleuchtende intuition nur, weil wir unsere eigene vorausgehende arbeit im dunkeln, die assoziationsketten, die wir denken, ohne sie uns bewußt zu machen, die gespräche, die wir lautlos ständig in unserem kopf führen, die tagträume, in denen wir in anderen ebenen wandern, die schwingungen / inFormationen die wir aussenden, nicht als wege zu diesem plötzlichen erscheinen werten.

urania ist die planetare kraft, in der sich zeit und raum, zukunft und vergangenheit im intensiv erLebten Jetzt treffen. sie hat mit unseren telepathischen kräften zu tun, die nach einem gesetz wirken, das in der naturwissenschaft noch nicht beschrieben werden kann (allenfalls in den ansätzen der subatomaren physik). ihr inFormationsvermögen breitet sich schneller aus als licht und überwindet entfernungen auf eine andere weise als in vorstellung von linear schwingenden wellen.

zu ihr gehören all die mythen von der großen schlange, die sich erheben wird, regenbogenschlange, kundalini, Urschlange. zu ihr gehören die tantrischen praxen, in denen männer versuchen durch die vereinigung mit der menstruierenden eingeweih-

ten ihre sexualkräfte zu kanalisieren, um so zur erleuchtung zu gelangen*. sie ist die schlange der erkenntnis, die den verbotenen apfel reicht — den apfel der großen göttin, die zwischen den ebenen wandern kann, lebendig, im beWußtSein ihres Seins.

für uns frauenidentifizierten frauen ist die uranische kraft eine ersehnte, beängstigende herausforderung. durch sie werden wir geweckt in unseren schlafenden kräften. wir sind sie. im gegensatz zum männlichen körper, der sie nicht aus sich heraus wecken kann, sondern sich durch die dakini, die shakti, die göttin, shabattu erwecken lassen muß, sind wir diese schlange und müssen in unseren körpern lernen sie handzuhaben. für uns geht es nicht darum, unsere körper zu reinigen, damit sie in uns gleiten kann, für uns geht es darum, unsere körper in ihrer schlangenkraft wieder zu erInnern und zu lernen, die kraft »in den händen zu halten«. wir müssen lernen, ebenen zu unterscheiden, orte, an denen wir uns begegnen, zu differenzieren, ob diese orte sichtbare oder unsichtbare räume sind (für unsere äußeren fünf sinne gesprochen). die kraft zu handhaben heißt, unterirdische beWegungen Wahrzunehmen und fließen zu lassen. es heißt, mit der intensität von kernberührung umgehen zu lernen, ohne daß wir darüber den augenblick verpassen, in dem wir uns wieder von einander lösen. saturn hütet die schwelle unseres beWußtSeins, bis unser körper uranias intensiven tanz wieder erInnert hat, bis wir die gesetze dieses tanzes wiedererkennen.

solange wir die gesetze ihres tanzes nicht erInnern, liegt in der uranischen kraft die möglichkeit zum wahnSinn. ihre kraft öffnet türen, die uns räume öffnen, die wir ohne diesen tanz nicht ertragen oder begreifen können. ihre intensität reißt dann mit, und wir erleben uns von ihrer geWalt überrannt.

ein teil unserer hilflosigkeit, mit uns Selbst umzugehen, liegt in der angst vor dieser kraft. wir scheuen uns, sie zu entfesseln, weil wir ihre geWalt spüren und sehen, was mit einer geschieht, in der sie zügellos, ratlos waltet.

noch immer bannen wir. dieser bann hat janaköpfig zwei wirkrichtungen. eine davon ist unsere handlungsunfähigkeit, die dem patriarchat zugute kommt: die zweite ist die zärtliche umsicht mit uns selbst, indem wir dem lernen zeit und raum geben, um uns zu erInnern, wie uranische kräfte in uns lebensbejahend wirksam sind / sein können. es ist eine wanderung auf einem dünnen seil. immer wieder müssen wir prüfen, ob unser bann noch not tut. oder ob wir die zeit übersehen und nur in der gewohnheit unserer angst verharren. urania steht, gemeinsam mit saturn, im zeichen der wasserfrau erhöht. es ist kein zufall, daß die hüterin der schwelle, deren helferin die zeit ist und die intensität uranias, die raumzeiten und zeiträume zum treffpunkt im hier und jetzt macht, einander in die hände spielen.

langsam, im rythmus der zeit, lernen wir den tanz der schlange.

ANALOGIEN

astrologisches Symbol:	♅ ⛢
Tierkreiszeichen:	Wasserfrau
Element:	wissende, feurig-intensive Luft
Zahl:	16
Farbe:	hellblau, bunt-schillernd
Göttin:	Urania oder Ura
Tarot:	XVII Star
Edelstein:	Amazonit, mit Neptun Aquamarin, mit Neptun und Venus Smaragd
Metall:	Uran
Baum:	Buche
Heilpflanze:	Gänsefingerkraut (Potentilla anserina)
geometrische Figur:	Vieleck
Chakra:	Handflächen
Körper:	Hände, Lymphe
Tier:	Heuschrecke, Leguan, Aal, Nilpferd, Fledermaus
Wochentag:	keine eigene Zuordnung
Nahrungsmittel:	Ingwer, Bohnenkraut, Muskat
Bewegung:	

NEPTUN
— ORUG —
NEPTUN

*

Versuche ich, Neptun, meine Kräfte zu beschreiben, fühle ich sofort dafür typische Symptome in mir aufsteigen.

Ich versuche nachzudenken und sofort wird alles weit und schillernd. Nichts läßt sich festhalten, konkretisieren, mit dem Intellekt erfassen. Wie eine Flutwelle stürzt alles über mir zusammen. Ein Zustand, der mich beängstigt und zur Gegenreaktion treibt.

Nun versuche ich festzuhalten, die Intuition, das Fließen bewußt zu konzentrieren. Als Ergebnis erziele ich jedoch nur ein Zusammenballen, ein Steinern werden, ein Klumpen aus allem. Nichts geht mehr. Festgefahren in mir, beharre ich auf Argumenten, deren Unstimmigkeit mir durchaus bekannt ist. Eine weitere Reaktion ist die des mich verschließens. Ich fühle die Kälte in mir hochsteigen, spüre, daß und wie sich mein Körperausdruck verändert und höre meinen zynischen, arroganten Bemerkungen zu. Ich schmettere ab und lasse mich von nichts mehr berühren.

Als letzte mir bekannte Verhaltensweise bleibt mir noch das mich Auflösen. Ich fühle mich von Eindrücken und Emotionen überschwemmt und verliere jegliches Gefühl für mich und das, was ich bin.

Ich stoße an meine schwarze Wand, an eine Dunkelheit in mir, die jede meiner Bewegungen mitmacht.

Was liegt dahinter?

Ich spüre Sehn-Sucht in mir aufsteigen. Sehn-Sucht nach Leben, nach Spiel, nach Offenheit, nach Durchlässigkeit und Fließen, nach Weite und Grenzenlosigkeit, nach mir und der Frauengemeinschaft. Ich fühle mich total aufgewühlt von diesen Sehn-Süchten, die mir so unerreichbar erscheinen.

Ganz allmählich erinnere ich mich an meine Bewegung, an den dunklen Fluß in mir, der mich leitet, der mich zu mir führt. Noch etwas widerstrebend tauche ich in ihn hinein, fühle, wie er mich umgibt, wie ich versuche eins mit ihm zu werden. Nun bewege ich mich in einer Dunkelheit, die transparent ist, die ich durchschaue, die mich alle Möglichkeiten in der Zeitlosigkeit sehen läßt. Hindernisse, Grenzen lösen sich auf, ich schwimme im Strom, gebe mich ganz diesen Wellen und Schwingungen hin und erfahre die Weite, die in der Freiheit liegt, spüre, wie ich mich selbst öffne, wie ich bereit werde, Schwingungen in mich hineinzulassen, sie aufzunehmen und mich von ihnen durchfließen zu lassen. Das, was vorher Sehn-Sucht war, wird sichtbar. Die Möglichkeit, das Leben zu spielen oder spielend zu leben, nimmt reale Formen an.

Leichtigkeit und Lockerheit umgeben mich. Ich bin offen für Schwingungen jeder Art, ob sie mir vertraut sind oder nicht. Ich spüre meinen selbstverständlichen Umgang damit und höre mich lachen, aus einer mir nur wenig vertrauten Tiefe heraus. Meine Handlungen werden spontan und leicht, ohne ihre Einfachheit und Ernsthaftigkeit zu verlieren.

Und bei all dem spüre ich meine Sinnlichkeit, meinen Körper, mit dem und mit dessen Bewegung ich mich im Einklang fühle. Ich spüre mich rund und ganz, ohne das Gefühl von Polarität — hier männlich, da weiblich —. Ich bin beides, womit ich nicht androgyn meine. Ich bin ein Rundes Ganzes, das aus sich selbst heraus schöpfen kann, das non-polar sowohl die Möglichkeit zur Selbstbefruchtung als auch zum Gebären in sich trägt. Im Verlauf dieser, meiner Bewegung muß ich feststellen, daß ich auf Zusammenhänge und Wechselwirkungen angewiesen bin, daß ich mich immer in einem Kollektiv bewege, und daß ich ein Netz benötige, in dem ich vorwärts gehen kann.

Dies bedeutet jedoch, daß ich mich kenne, daß ich, aus mir schöpfend, mich als autonomes Individuum im Kollektiv bewege, wozu ich Klarheit und Unerbittlichkeit benötige.

Wenn ich dann um mich schaue, mich anschaue, dann verstehe ich, weshalb die neptunischen Kräfte oft mit Illusion und Täuschung in Verbindung gebracht werden. Neptunenergien lösen Sehn-Süchte aus und im Zusammenhang damit Ent-Täuschungen.

Wenn ich mich diesen Energien tatsächlich öffne, bin ich gezwungen zu sehen, nämlich mich. Mich an dem Ort, wo ich mich gerade befinde, mich in den Zusammenhängen, in denen ich mich bewege und das Ziel, auf das ich mich zubewege.

Öffne ich mich dann für meinen dunklen, inneren Fluß, der gleichzeitig von weit außerhalb unseres Sternensystems kommt, dann bin ich bereit und in der Lage meine Suche zu sehen, meine ganz realen nächsten Schritte, ohne daß ich mich Täuschungen hingebe.

ANALOGIEN

astrologisches Symbol: 

Tierkreiszeichen: Fische

Element: grenzenloses, unbändiges Wasser

Zahl: 7

Farbe: meergrün, -blau, türkis

Göttin:	Eurynome (auch Themis genannt), Binah (hebr.), Atl (Azteken), Brizo (Ägäis)
Tarot:	XII Hanged Woman
Edelstein:	Opal, Koralle, Aquamarin, (gemeinsam mit Urania), Smaragd, (gemeinsam mit Urania und Venus)
Metall:	Platin, auch das Erdmetall Aluminium
Baum:	Birke
Heilpflanze:	Mohn (papaver), Lilie (lilium)
geometrische Form:	die Basis der Doppelpyramide
Chakra:	gemeinsam mit Venus (Gebärmutter) und Muse (Klitoris) bildet sie das formgebende Chakra (Venushügel)
Körper:	Eierstöcke, Milz
Tier:	Delphin, Biene
Wochentag:	keine eigene Zuordnung
Nahrungsmittel:	Algen, Meeresfrüchte
Bewegung:	

PLUTO

»der Faden, an dem alles hängt

wenn sie nun
was sie immer schon wollte

wenn sie das nun
wirklich

einmalprobiertwasdann?«

Bettina Rolfes
(aus »Lesbenkalender '82«)

Pluto, die sonnenfernste der bisher allgemein bekannten Planetinnen, braucht 249 Jahre, um den Glutball einmal zu umwandern. Die Sonne leuchtet und wärmt dort 1600mal weniger als bei uns, das bedeutet, Pluto ist eine Welt der Erstarrung und der Finsternis. Sie ist ein wenig kleiner als unsere Erde, mit dem bloßen Auge am Himmel nicht erkennbar.
Pluto wurde erst 1930 wiederentdeckt.

Pluto ist eine der drei Generationsplanetinnen, d. h., ihr Einfluß wirkt sich weniger auf ein Individuum aus, vielmehr drückt sie ganzen Generationen ihren Stempel auf. Pluto läuft ca. 15-20 Jahre durch einen Abschnitt des Zodiac-Kreises — alle in dieser Zeitspanne Geborenen haben sie im gleichen Tierkreiszeichen. Eine individuelle Interpretation ist hier nur durch die Aspekte und die unterschiedliche Stellung in den Häusern möglich. Plutos Position im Tierkeis gibt daher erstmal Aufschluß über das Vorgehen und die Erfahrungsebene einer bestimmten Generation. So hat z. B. Pluto in den Zwillingen diejenigen geprägt, die den 2. Weltkrieg entfachten; Pluto im Krebs begleitete den Wiederaufbau; Pluto im Löwen steht für das Zeitalter der Studentenrevolten, Diskussionen und Projektplanungen und -durchführung, für die alternative Bewegung und — vor allem — für das Erwachen der Neuen Frauenbewegung; Pluto in der Jungfrau hingegen diskutiert und plant nicht mehr, sie führt aus, erforscht, lebt in dem Neuerschaffenen selbstverständlich und baut auf das Bestehende auf.

Von ihrer Bedeutung, ihrer Energie her ist Pluto oft ähnlich gefürchtet wie Saturn. Mann verbindet mit Pluto Macht im Sinne von »Macht über andere«, Finsternis, Grausamkeit und Dematerialisation. Pluto ist Gewalt, Zerstörung, Tod. Alles Negative, Dunkle haftet an ihr, alles Bedrohliche und Unbekannte. Pluto erscheint als das Monster, die Bestie des Tierkreises.

Dabei trägt Pluto als die Macht des Todes, der Formauflösung, schließlich auch den Keim des Lebens in sich. Ohne Tod ist kein Leben möglich, ohne Tod gibt es keine Wiedergeburt. Daher ist Pluto für mich Symbol für den Wandel, für die Auferstehung. Pluto ist Transformation.

Im Folgenden werden wir uns weniger mit der herkömmlichen, negativen Bedeutung Plutos auseinandersetzen, als mit einer ur-weiblichen Betrachtungsweise, der transformierten Pluto. In diesem Sinne ist Pluto alles in allem als Macht zu begreifen. Konstruktive Macht ist Macht über sich selbst, sich seinerselbst mächtig sein, die eigene Macht kennen. Sich mächtig fühlen im Gegensatz zu ohnmächtig sein, die eigene Macht leben ohne Macht über andere zu ergreifen, d. h. ohne Grenzübertritte. Macht ist das Gefühl der inneren Stärke und des authentisch Seins, das die Anerkennung der Unterschiedlichkeit einer Jeden in Liebe voraussetzt. (In diesem Sinne ist Pluto auch die Sexualität, die Leidenschaft, zugeordnet.) Pluto ist Frauenmacht.

Frauen mit einer starken Pluto-Betonung sind meist bemüht, ihre Macht nicht zu zeigen, sie nicht zu leben. Sie verweigern diesen Aspekt ihrer selbst, denn sie haben Angst vor Machtmißbrauch. Zu oft haben sie erfahren, daß Pluto und Macht negativ, destruktiv erlebt und angewendet wurde; zu oft haben sie selbst Macht im destruktiven Sinn gelebt. Es fällt ihnen schwer, sich Macht transformiert vorstellen zu können und zu glauben, daß das lebbar sein soll, denn in ihren Köpfen (und in ihren Alpträumen) verbinden sie Macht immer noch mit Machtergreifung und -übernahme, mit Gewalt und Terror und Männerherrschaft. Deshalb leben die meisten Frauen ihre Macht, ihre Pluto-Energie, gar nicht oder destruktiv.

Pluto als Frauenmacht ist der Grundstein einer jeden entstehenden Frauenkultur. Sie trägt nicht nur das Wissen über vergangene Matriarchate lebendig in sich, sie legt auch, tief im Verborgenen, den Keim zu neuen. Pluto ist die Alte, die Weise, die den Blick oft in die Vergangenheit wendet und von dort ihr großes Wissen bezieht. Pluto ist die Dunkle, die nach innen schaut. Pluto ist die alte Saat, die sich tief zurückzieht und hier, im Un-sichtbaren, neue Kräfte sammelt, Gestalten wandelt — sie ist die Gestaltwandlerin. Pluto ist das Unsichtbare, Triebhafte, Unbewußte. Auch ist Pluto die alte, reife Frau, die die Mädchen in die Mysterien des Blutes einweiht. Sie ist die Schwarze Mutter, die Initiierende.

Auch über diesen Aspekt Plutos wurde ein großer (durchsichtiger) Schleier gelegt. Als »Schwarze Mutter« oder »alte, böse Hexe« wurde / wird sie in den Märchenbüchern, sowie bei den Psychoanalytikern, dargestellt. Dort ist sie die kinderfressende Roggenmuhme oder eine andere, kinderlose, ältere Frau, unverheiratet natürlich, die angeblich gefährlich ist, — eine Frau also, vor der mann sich in Acht nehmen muß, die mann fürchtet und die mann Ende des Mittelalters als Hexe verfolgte — eine Lesbe.

In der Mythologie ist Pluto die Göttin der Unterwelt, Gebieterin über den Tod, Göttin der Finsternis, der Nacht, Wächterin der Seelen. Der Name (lat. Pluton) bedeutet

Reichtum; Pluto ist die Göttin des Reichtums, der aus der Tiefe kommt. Sie gehört der Tiefe an (= plutonisch).

In der ägyptischen Mythologie entspricht Pluto der schakalköpfigen Göttin Anubis, der Göttin der verstorbenen Seelen. Ihre griechische Entsprechung ist Hekate, die große Seelenmutter, die Gebieterin der Gespenster. Hekate wird in ihrer extremsten Form auch als männervernichtend und als Befürworterin der Selbstbefruchtung angesehen.

Für mich ist Pluto das Symbol für Frauenliebe und Frauenmacht.

Ich denke, das erklärt die o. g. Darstellung Plutos in den Märchen und Sagen, sowie die Angst und das Entsetzen der Männer — einschließlich der herkömmlichen Astrologie — vor Plutos Energie. Auch ist es kein Zufall, daß eine Namensverwandtschaft zum Plutonium besteht, dem radioaktiven Metall, das für die Herstellung von Atombomben benötigt wird. Dies zeigt den Grad der Gefährlichkeit auf, den mann Pluto beimißt, zeigt die Angst der Männer vor ihrer Zerstörung, Vernichtung durch Plutos Macht.

Im Bild der Mythologien sitzt Pluto / Hekate in der Unterwelt, d. h. in unserem Unterbewußtsein, und erwartet dort unsere Ankunft bei ihr, um uns in die tiefsten, verborgensten Geheimnisse einzuweihen. Sie ist unsere »innere Alte«, die uns Rat gibt, die uns erzählt, wie es früher war. Sie ist unsere weise Lehrerin, die auch über unsere innersten Tiefen Bescheid weiß. Pluto ist unsere unbewußte, innere Stimme, die uns auch Angst macht.

In jedem Fall trägt sie das Wissen über alte, matriarchale Gesetze, das Wissen über Vergangenes. Pluto ist die Hüterin der Vergangenheit, ermöglicht uns den Kontakt, den Zugang zu ihr. Leider ist Pluto auch oft in ihr gefangen, kann nicht vorwärts schauen, kennt keine neuen, zukünftigen Gesetze mehr und klammert sich von daher an alles Alte, Vergangene. Eine Reise zu Pluto, ins Jenseits, ist gleichzeitig eine Zeitreise in die Vergangenheit, eine Reise ins eigene Unbewußte. Damit bekommt auch der Todesaspekt Plutos eine andere Bedeutung: einen Tod sterben kann auch heißen, sich von Vergangenem zu lösen, etwas hinter sich zu lassen, z. B. alt-eingefahrene Strukturen zu verändern. Sterben bedeutet auch, in die eigene Tiefe zu reisen, ins Unbewußte, und hier innere Tode zu sterben. Pluto ist auch das Wissen, daß jede solche Tode sterben muß. Pluto ist Tod im Sinne von Form-lösen, Form in eine andere Zeit, andere Dimension führen, Form im Verborgenen, für uns Unsichtbaren, zu wandeln. Pluto ist Wandel, Transformation.

Die transformierte Pluto, also das Gefühl der inneren Stärke, der Erinnerung an unsere alten, matriarchalen Gesetze und Leben, die Frauenliebe und -macht, das Verbundensein mit unserer Vergangenheit, der Zugang zu unserer Tiefe, zu unserer inneren Dunkelheit und den darin verborgen liegenden ur-alten Kräften, die Fähigkeit zu Wandeln, zu Transformieren, all das erweckt in uns das Gefühl von unbändiger Freude — Spaß, ***Lust*** an der eigenen Kraft und Stärke und Macht und an der der anderen.

Die transformierte Pluto, Mutter des Lebens im Tod, vermittelt ein Gefühl von grenzenloser Lebensfreude.

ANALOGIEN

astrologisches Symbol:	
Tierkreiszeichen:	Skorpion
Element:	mächtig-tiefes Feuer-***Wasser***
Zahl:	13
Farbe:	schwarz, indigo, rot
Göttin:	Hekate (gr.), Allatu, Diktynna (kretisch), Kali (ind.), Medea
Tarot:	XX Judgement
Edelstein:	Obsidian, Jaspis gemeinsam mit Muse und Merkur Hämatit, gemeinsam mit Saturn Karneol
Metall:	Plutonium
Baum:	Eberesche, Zypresse
Heilpflanze:	Gänsefußgewächse (Chenopodiaceae), Bärlapp (Lycopodium clavatum)
geometrische Form:	Pentagramm mit der Sitze nach unten
Chakra:	»Dritte Auge« auf der Stirn, mit Saturn und Merkur das Todeschakra im Nacken
Tier:	Eule, Geier, Krähe, Skorpion
Wochentag:	keine eigene Zuordnung
Nahrungsmittel:	Cayennepfeffer, Schwarzwurzeln
Bewegung:	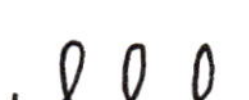

DIE DREI TRANSPLUTONISCHEN PLANETINNEN

»Das Außergewöhnliche wird angefeindet —
Das Gewöhnliche verspottet —
dazwischen kann ich nicht leben,
wo dann — fragt ihr mich?
in mir —
doch das ist woanders.«

Ingrid A. Mau
(aus »Lesbenkalender '82«)

Unseren Untersuchungen zufolge existieren hinter Pluto noch drei weitere Planetinnen, die wir — in dieser Reihenfolge — Persephone, Isis und Aranat genannt haben.

Im Folgenden werde ich die bisherigen Ergebnisse unserer Forschungen in einer kurzen Zusammenstellung weitergeben. Viele Fragen — und Antworten — werden dennoch vorläufig offen bleiben müssen, denn wir sind erst ein Stück weit in dieses Neuland eingedrungen; weite, bisher noch unerforschte Landstriche liegen noch vor uns. Die folgenden Angaben sind also längst nicht vollständig, und manchmal haben wir auch untereinander verschiedene Theorien.

Dennoch möchten wir unser Wissen über diese drei zusätzlichen Qualitäten niemandem vorenthalten und auf ihre Existenz aufmerksam machen, als auch zu eigenen Untersuchungen anregen.

PERSEPHONE

dies ist ihr Symbol.
Persephone ist die Oktave von Jupiter, hat also, auf einer vergeistigten Ebene, auch mit Gesetzmäßigkeiten zu tun.

Das Dreieck in ihrem Symbol steht für die Pyramide, für die Geheimnisträgerin. Persephone hütet ein sehr altes, sehr heiliges Wissen, nämlich das Geheimnis der Parthenogenese, dem schöpferischen Gebären aus sich selbst heraus.

Persephone war nicht immer so weit außen im Sonnensystem — und sie ist (auch für die traditionellen Wissenschaftler meßbar) inzwischen auf dem Weg zurück, d. h., sie nähert sich langsam Pluto. Je mehr Persephone sich wieder unserem System nähert, umso mehr wird auch das Wissen, das sie trägt, uns bewußter.

Persephone, die Trägerin des Wissens
über Parthenogenese,
über Gebären ohne Erzeuger,
über schöpferisches Gebären ohne Impuls von außen,
über kreativen Ausdruck aus sich selbst heraus.

Persephone ist damit auch die Anregung zu schöpferischem Ausdruck. Persephone gibt sich selbst den Impuls. Sie schöpft aus ihrer Tiefe, hat ständigen Zugang zu ihr, ja, sie ist dort zuhaus. Persephone, die Dunkle, lebt in der Tiefe. Sie ist diejenige, die initiiert wird, sie verweilt auf der Stufe der Einweihung.

Persephone ist Einweihung.

In der griech. Mythologie entspricht sie der Göttin Persephone im Demeter — Kore/Persephone — Mythos: Kore, die Tochter Demeters, wird von Pluto in die Unterwelt geholt. Hier heißt sie Persephone. Ein Handel wird ausgemacht, demzufolge sie zweidrittel des Jahres oben bei Demeter lebt und eindrittel des Jahres in der Unterwelt bei Pluto als Persephone.

Unserer Interpretation zufolge geht Kore am 31. Oktober als Persephone in die Unterwelt, ins Dunkle, Unbewußte. Sie geht zu ihrer Initiation. Zur Wintersonnwende kommt sie bei Pluto / Hekate an und wird von ihr eingeweiht. Dann macht sie sich auf den Rückweg und kommt am 2. Februar als Kore wieder ans Licht. Persephone ist sie also in der Dunkelheit, auf dem Weg, bei und nach der Initiation.

Wir ordnen Persephone dem Tierkreiszeichen Jungfrau zu, das ebenfalls mit Parthenogenese zu tun hat und Geheimnisse trägt, wie auch Persephone Geheimnis ist.*

ANALOGIEN

astrologisches Symbol:	
Tierkreiszeichen:	Jungfrau gemeinsam mit Merkur
Element:	sensibles, jung-feuriges Wasser
Zahl:	14
Farbe:	violett
Göttin:	Persephone (gr.), Medusa, Pele, Aradia
Tarot:	XIV temperance
Edelstein:	Kornalin, Tektit, Spinell, Krötenstein
Metall:	Bronze
Baum:	Weide, Ahorn
Heilpflanze:	Brombeere (Rubus fruticosus)
geometrische Form:	Achteck
Chakra:	Scheitelchakra gemeinsam mit Isis und Aranat
Körper:	gemeinsam mit Isis und Aranat die Epiphyse, der Blinddarm und die rudimentären Organe (wie Rachenmandeln, etc.)
Tier:	Wal, Käuzchen, Kreiselfisch, Hyäne
Wochentag:	keine eigene Zuordnung
Nahrungsmittel:	Sellerie
Bewegung:	

ISIS

dies ist ihr Symbol.
Isis ist die Oktave von Saturn, setzt Grenzen, ist Klarheit auf völlig anderen Ebenen.

Isis ist die Helle, die Tanzende. Sie sieht alle Wege, kennt alle Möglichkeiten. Isis ist die Vielfalt. Tanzend hüpft sie mal hierhin, schwebt mal dorthin, ist alle und alles. Schwierig ist es für sie jedoch, sich für einen Weg, für eine Möglichkeit zu entscheiden. Hier hat sie ihre Grenze. Vor lauter Wald sieht sie den einzelnen Baum nicht mehr. Und sobald sie sich dennoch für Eins entscheidet, verliert sie ihre Vielfältigkeit, kann sie nicht mehr tanzen. Isis braucht diese scheinbare Unentschiedenheit, denn eigentlich ist sie gar nicht unentschlossen. Sie ist nicht Eine sondern sie ist Viele, ist Alle. Sie wäre nicht mehr sie selbst, wenn sie sich auf Eins reduzieren würde. Hier setzt sie anderen die Grenze. Isis ist sehr weit fort von unserer Erde, und entsprechend ist es für uns nicht einfach, zu verstehen, uns zu erinnern, was Vielfalt tatsächlich ist.

Ich denke, es ist nicht zufällig, daß gerade Isis immerzu mit etwas anderem verwechselt wird. Durch ihre Vielfältigkeit ähnelt sie vielem anderen, durch unsere Einfältigkeit, unsere Eingleisigkeit, versuchen wir sie, die Viele, als Eine zu begreifen. Wir wollen sie festnageln auf einen Aspekt — und das führt zu Verwechslungen.

So ist Isis zum Beispiel in manchem Merkur ähnlich. Ihre Vielfalt der Wege, ihre Kenntnis vieler Wahrscheinlichkeiten, werden verwechselt mit Merkurs Verbindungs- oder Wahrnehmungsfähigkeit.

Eine weitere Verwechslung geschieht auf der planetaren Ebene. Anhänger einiger Sekten und Kulte bezeichnen mit Isis die Planetin, die wir Persephone genannt haben. So beziehen sich auch die im Umlauf befindlichen Ephemeriden über Isis auf unsere Persephone.

Einige von uns ordnen Isis dem Tierkreiszeichen Wasserfrau zu, andere dem Stier. (Wiederum ist sie nicht eindeutig.)

Isis entspricht der altägypt. Göttin, die meist mit Kuhhörnern und Sonnenscheibe auf dem Kopf dargestellt wird. Isis war die Zwillingsschwester und Geliebte des Osiris. Sie irrte durch die Welt, um die zerstreuten und zerstückelten Gliedmaßen des Osiris zu finden und zusammenzusetzen.

Dieses Umherirren und Sammeln von Einzelstücken, die zusammengesetzt ein fertiges Bild ergeben, entspricht all ihrem Sein. Die zusammengesetzte Vielfalt einzelner Eindrücke ist Isis.

ANALOGIEN

astrologisches Symbol:	
Tierkreiszeichen:	Stier gemeinsam mit Venus
Element:	konzentriert-vielfältige Luft
Zahl:	11
Farbe:	metallische Farbtöne
Göttin:	Isis, Ptah (ägypt.)
Tarot:	V hierophant
Edelstein:	Alexandrit, Padparadscha, Nephrit, Malachit
Metall:	Magnesium
Baum:	Apfelbaum
Heilpflanze:	Kapuzinerkresse (Tropaeolum majus)
geometrische Form:	Trapez
Chakra:	Scheitelchakra gemeinsam mit Persephone und Aranat
Körper:	gemeinsam mit Persephone und Aranat die Epiphyse, der Blinddarm und die rudimentären Organe (z. B. die Rachenmandeln)
Tier:	Chamäleon, Papagei
Wochentag:	keine eigene Zuordnung
Nahrungsmittel:	Kürbis, Zucchini
Bewegung:	

ARANAT

dies ist ihr Symbol.
Aranat ist die Oktave der Erde, ist Materie in einer völlig anderen Art.

Aranat ist das absolute, das konstruktive Chaos. Sie ist der permanente fliegende Wechsel zwischen Form geben und Form nehmen, Grenzen setzen und auflösen, Leben und Tod.

Sie ist noch am weitesten von uns entfernt; wir würden sie, ihre Energie, ihre Kraft noch nicht in vollem Umfang ertragen. Es fällt schon schwer, sich ihre tatsächlichen Fähigkeiten vorzustellen. Ich denke, wir würden sie — personifiziert — schlicht und ergreifend für verrückt erklären und wahrscheinlich sogar als »gefährlich« einsperren lassen.

Aranat — Chaos, in dem eine Ordnung herrscht, die wir noch nicht erkennen können,

Aranat — aufgelöste Materie,

Aranat — durchlässige Festigkeit, materialisierte Durchlässigkeit, grenzenauflösende Grenze.

Aranat ist alles, was uns paradox erscheint, ist das Paradoxe an sich.

Eine mythologische Entsprechung zu Aranat könnte Ariadne sein, die sich gegen ihren Willen verhielt, die aus Liebe tötete, die ihren Schmerz, ihre Qual bis zur Lust trieb. Ariadne, bei der die beiden Extreme, wie Leben und Tod, so nahe beieinander liegen, daß sie Eins zu sein scheinen. Ariadne, die sich laufend paradox verhielt.

Doch Ariadne war auch diejenige, die Theseus den Faden mitgab, der ihm den Rückweg aus dem Labyrinth zeigte (»Ariadnefaden«).

Ist entsprechend Aranat der »rote Faden«, der uns den Weg der Initiation führt, ist Aranat die Kraft, die uns den Weg durch das Chaos des Lebens zeigt?

Alle drei transplutonischen Planetinnen haben ein Fremdheitsgefühl gemeinsam, das sich auf dieses Planetensystem ebenso bezieht, wie auf unsere Erde, oder auch auf unser Gesellschaftssystem.

Zusammen verkörpern sie die gelebte Erfahrung über lesbische Völker und Parthenogenese.

Gleichzeitig jedoch fällt in den Mythologien auf, daß sie mit als erste einen Bezug zu Männern herstellten. Dies ist ein Ausdruck dafür, daß sie zu dritt auch die Zeit des Wandels symbolisieren, den Umbruch verkörpern — von der Frauenkultur hin zur Männergesellschaft. Sie stehen jedoch nicht nur für diesen Wechsel, — sie können uns ebenso gut den umgekehrten Weg entwickeln helfen.

Das Wissen, das sie tragen, konnte nur aus unserem Bewußtsein verschwinden (und dennoch bewahrt werden), indem die drei Planetinnen sich räumlich so weit von uns entfernt haben. Je mehr wir uns heute an diese drei Planetinnen-Energien erinnern, umso mehr erinnern wir uns auch an Leben in Frauenkulturen und an die Anfänge der Veränderung. Diese Erinnerung hilft uns diesmal, neue Formen für zu lebende Frauenkulturen zu entwickeln.

ANALOGIEN

astrologisches Symbol:	
Tierkreiszeichen:	beeinflußt Krebs mit, hat aber keine eigene Zuordnung, sondern ist in allen mit enthalten
Element:	wässriges, formlos-festes Feuer
Zahl:	12
Farbe:	purpur
Göttin:	Ariadne (gr.)
Tarot:	XIII death
Edelstein:	Silex, Vesuvian, Jett, Krebsauge
Metall:	Antimon
Baum:	Faulbaum
Heilpflanze:	Herbstzeitlose (Colchicum autumnale)
geometrische Form:	quadratierter Kreis
Chakra:	gemeinsam mit Persephone und Isis das Scheitelchakra
Körper:	gemeinsam mit Persephone und Isis die Epiphyse, der Blinddarm und die rudimentären Organe (z. B. Rachenmandeln)
Tier:	fliegende Fische, Albatross, Nachtfalter
Wochentag:	keine eigene Zuordnung
Getreide:	Mais
Bewegung:	

UNSERE MYTHOLOGIE DER STERNE

— Ein Planetenspiel —

Entstanden ist die Idee zu diesem Spiel vor etwa sechs Jahren. Mutter des Gedanken war der Wunsch, die Planetinnenkräfte sinnlich — körperlich — konkret zu erfahren, sie anders — nämlich ur-weiblich — wahrzunehmen, ihre Energien in uns, in unserem Alltag zu fühlen und zu erforschen.

Zu diesem Zweck ordnete sich jede von uns schwerpunktmäßig eine Planetin zu, identifizierte sich mit ihr. Trancen und Regressionen, PSI-Befragung, sowie alltägliche Erfahrung unserer Strukturen, Verschlüsse, Träume und Visionen brachten immer mehr Wissen zutage, immer mehr er-lebtes, er-spürtes, er-innertes Wissen über eine weibliche Interpretation der Sterne.

Dieses alltägliche Er-forschen, Er-leben und Entwickeln sowohl der Planetinnenenergien als auch unserer inneren Strukturen weitete sich aus, zog größere Kreise. Bald wurde ein Spiel daraus, an dem immer mehr Frauen teilnahmen. Jede identifizierte sich mit einer oder zwei Planetinnen und brachte ihre gelebten Er-fahrungen ein. Aus den vielen, zunächst zusammenhangslos wirkenden Einzelteilen entwickelte sich rasch ein klares Bild. Bestätigungen, auch Wiederholungen häuften sich: Frauen mit der gleichen Planetinnen-Zuordnung hatten ähnliche, oft gleiche Gefühle und Bilder, sogar sich wiederholende Lebenserfahrungen.

Aus all dem kristallisierte sich eine Geschichte heraus — eine Geschichte über die Planetinnen und eine Geschichte über uns, über uns Frauen.

Diese Geschichte, die ich im Anschluß hieran erzähle, schildert das Leben der Planeten-Frauen vor der Negativ-Transformation und die Veränderungen, die diese für jede zur Folge hatte.

Mit dieser Geschichte möchte ich anregen, daß jede Leserin das Planetenspiel mitspielen und so er-leben kann, wie die darin enthaltenen Erfahrungen immer wieder vertieft, bewahrheitet und weiterentwickelt werden. Viel Spaß.

Die Ballade der Entstehung

. . . zuerst war das Nichts . .
Aus einer fernen Welt,
einem fremden Gesetz folgend,
kam die Venus.
Sie war auf der Suche. Ruhelos.
Sie war müde, erschöpft von ihrem weiten Weg.
Venus erkannte die vielen Möglichkeiten,
die in dem hier gebietenden Nichts lagen.
Sie beschloß
zu bleiben
und etwas Neues aufzubauen.
. . . dann die Eine . .

Danach,
ebenfalls von weit her,
kam die Sonne.
Sie hatte die Heimat enttäuscht verlassen.
Sie hoffte auf eine andere, bessere Welt.
Sonne fühlte sich sofort zur Venus hingezogen,
als sie sich hier begegneten.
Sie entschied sich,
zu bleiben
und eine neue Heimat zu gründen.
. . . kurz war die Zwei . . .

Dann geschah es,
das Unglaubliche.
Ein Teil der Venus
wollte selbständig sein,
wollte nicht länger EINS-sein.
Es gab viele innere Auseinandersetzungen
um seine Loslösung und Unabhängigkeit.
Schließlich kam es
dennoch zum Zerriß.
Künftig existierte auch die Muse.
. . . nötig die Drei . . .

Endlich war es soweit.
Der Erschaffung einer Neuen Welt
stand nichts mehr im Wege.
Sie kannten keine Sorgen,
keine negativen Gefühle.
Sie erfüllten ein Naturgesetz, nämlich,
daß zu jeder parthenogenetischen Schöpfung
ein sich liebendes Dreieck notwendig war.
So entstand die erste Tochter.
. . . zur Entstehung der Welt . . .

Merkur und Erde,
Neptun, Jupiter und Pluto,
Saturn, Urania und Mondin
waren die zweite Generation.
Eine dritte entstand auch:
Persephone, Isis und Aranat.
Sie alle lebten unbeschwert in der Neuen Welt
bis zum Zeitpunkt
der ersten Katastrophe.
Mit ihr kamen die Veränderungen.
. . . brauchen wir wieder das Nichts?

Die Un-Berührbarkeit der

SONNE

Sie hatte einen weiten Weg zwischen ihre alte und ihre neue Heimat gelegt, so weit, daß sie vergaß, wo sie herkam und warum sie sie verlassen hatte. Zuerst hatte sie sich nicht mehr erinnern wollen — dann konnte sich sich schließlich nicht mehr erinnern. Immer wieder zerrte die Sehn-Sucht an ihr, wurde sie geplagt von schrecklichem Heimweh. Doch sie wußte nicht, wonach sie sich sehnte und wo dieses Heim, dieser Hort war.

Sie hatte versucht, sich etwas Neues zu erschaffen, eine neue Heimat. Oberflächlich betrachtet war ihr das ja auch gelungen. Tatsächlich jedoch fühlte sie sich immer wieder unzufrieden, ohne es benennen zu können. Deutlich wurde das jedesmal, wenn ihr etwas nicht gefiel; dann spürte sie wieder dieses Sehnen und Zerren und sie war der festen Überzeugung, in ihrer alten Heimat sei das alles ganz anders und viel besser gewesen . . .Sie wollte nach Hause!

Die Sonne sprühte über vor Lebenskraft und Vitalität. Sie wirkte oft ansteckend mit ihrer guten Laune, ihrem Übermut und sie war eine glänzende Schauspielerin, voller witziger Einfälle. Sie liebte es, die anderen zu unterhalten, sie liebte es Mittelpunkt zu sein. Dann blühte sie voll auf, begann zu strahlen, Wärme zu verteilen. Sie badete sich in der Bewunderung der anderen und wurde immer strahlender. Sie konnte alles, sie spielte alles. Sie war Alle. Die Sonne übertraf sich selbst, gab immer mehr aus sich heraus, um weiterhin von Allen gesehen und bewundert zu werden.

Dann kam der Zeitpunkt der Veränderungen. Ab nun gab es die Möglichkeit des Negativen.

Sonne merkte nicht, daß sie sich verausgabte. Sie merkte nicht, daß sie nie gelernt hatte zu nehmen. Nur geben konnte sie. Geben, um zu begeistern — nicht geben um zu geben.

Als sie es schließlich doch merkte, war es zu spät. Ihre äußere Hülle glühte schon, während ihr Kern kälter und kälter wurde. Wenn sie nicht eines Tages völlig verglühen und innerlich absterben wollte, so mußte sie jetzt aufhören, alles von sich wegzugeben.

So kam es, daß die Sonne sehr vorsichtig im Geben wurde — zu vorsichtig. Denn sie verfiel ins andere Extrem, versuchte, gar nicht mehr zu geben, aus Angst, zu viel zu geben. Ihr Strahlen wurde indirekter. Bald war sie nicht mehr Mittelpunkt, wurde nicht mehr bewundert. Sie wurde zwar nach wie vor geliebt —, das jedoch konnte die Sonne nicht mehr wahrnehmen. Sie verstand nicht, daß die alte Bewunderung ihren Auftritten gegolten hatte, nicht ihrer Person. Die Liebe zu ihr war die gleiche geblieben — nur die Bewunderung ihrer Schauspielkunst wurde nicht mehr in der gleichen Weise gezeigt.

Doch die Sonne fühlte sich nicht mehr gesehen, nicht mehr geliebt. Sie vertiefte sich in diesen Schmerz, verlor ihr Strahlen, wurde skeptisch und mißtrauisch gegenüber Nähe, in der sie oft nur die Forderung an sie des Gebens sehen konnte. Sie verweigerte sich, verweigerte zu Geben, wollte nur noch Nehmen. Sonne verweigerte Nähe, geteilte Tiefe. Sie sehnte sich nach Extase, — die ohne Offenheit und Nähe nicht möglich ist —, ohne selbst geben zu wollen. Sie verschloß ihren Kern, sie verschloß sich mehr und mehr jeder Form von Be-rührung.

Die Suche der

VENUS

Die Urmutter Venus brachte in die Neue Welt vor allem die Liebe mit, die Liebe zu sich selbst — und damit auch zu anderen. Eine Liebe, die nicht Heuchelei war und Selbstaufgabe — sondern eine Liebe, die Unerbittlichkeit verlangte und kühl war.

Venus war die Fruchtbarkeit, die Fülle, diejenige, die materialisieren kann.

Als sie in dem jetzigen System eintraf, war sie noch alle. Sie war der Kreis, war vollständig.

Doch dann kam ihr erster großer Schmerz: ihre körperliche Trennung, die Teilung in Venus und Muse. Das war ein Gefühl, als würde sie in zwei Hälften zerrissen.

Und so fühlte sie sich in der Folgezeit noch oft: zerrissen. Sie war nicht mehr Eins. Sie suchte immer wieder, immer weiter nach ihrer zweiten Hälfte, suchte Verschmelzung, Zusammenwachsen, suchte das Gefühl von Vollständigkeit wiederzuerlangen. Seit diesem so körperlichen Schmerz verschloß sie einzelne Ebenen ihrer Sinnlichkeit, wollte sich zunächst körperlich nicht mehr vollkommen öffnen und schließlich konnte sie es nicht mehr. Denn bei jeder gelebten sinn-lichen Körperlichkeit erinnerte sie sich allzu schmerzhaft an ihren Zerriß. Von anderen jedoch forderte sie mehr und mehr Offenheit, totale Offenheit, um sich in ihnen wiederfinden und -vereinigen zu können.

Eine andere Erfahrung der Venus ähnelte der der Sonne. Die Venus war ebenfalls aus einer anderen Welt gekommen, aus einem anderen Gesetz. Daher gab es wiederkehrende Momente, in denen sie sich fremd fühlte in dieser Welt. Fremd und ohne ein Zuhause, ohne Heimat, ohne Wurzeln. Sie wollte nicht zurück in ihre alte Heimat. Sie wollte einen solchen Ort in sich finden, ein Zuhause, das sie in sich trug und das folglich überall da war, wo auch sie sich gerade befand. Ein Zuhause, von dem sie sich nicht mehr trennen mußte. Eine Heimat, die sie mit sich tragen konnte.

Deshalb begab sich die Venus auf die Suche nach ihren Wurzeln. Nach der Negativ-Transformation beschäftigte sie manchmal diese Sucht, diese Suche, diese Reise nach innen so sehr, daß sie darüber ihre Umgebung nicht mehr wahrnahm und jedes Zeitgefühl verlor. Dann vergaß sie jedes kollektive Bewußtsein.

In ihrer unerbittlichen Liebe wünschte Venus die Unabhängigkeit einer Jeden. Sie wollte die Kraft und Schönheit, die Macht und Eigenständigkeit jeder ihrer Töchter sehen und sich daran — und mit ihnen — erfreuen. Deshalb forderte sie schon früh einen eigenen Willen von ihren sieben Töchtern und Entscheidungsfähigkeit. Venus wollte, ja er-sehnte sich, daß jede Tochter, jede Frau die Verantwortung für sich selbst übernahm.

Aus diesen Gründen schickte sie eines Tages ihre Töchter fort. Sie sollten ihre Erfahrungen machen, ihre Wahl unabhängig treffen, ihre Leben in die eigenen Hände nehmen und liebevoll und verantwortlich mit sich umgehen. Das wünschte Venus sich. Dann, so hoffte sie, würden die Töchter zu ihr zurückkehren — freiwillig und als mächtige, selbständige, unabhängige Frauen.

Lange saß Venus da und wartete auf ihre Rückkehr. Doch keine kam. Ab und zu erfuhr sie etwas über eine ihrer Töchter. So erfuhr sie z. B. zu ihrem Erstaunen, daß die jungen Frauen sich von ihr fortgeschickt, abgewiesen, ungeliebt fühlten. Das jedoch konnte Venus nicht glauben; sie hielt es für ein Gerücht. Dennoch machte sie sich Sorgen.

Hatte sie zuviel verlangt, zuviel erwartet? Hatte sie ihre Töchter nicht wirklich losgelassen?

Venus wartet noch immer.

Die Trauer

MERKURS

. . und die drei Urmütter Sonne, Venus und Muse setzten ihre erste Tochter in die neu zu schaffende Welt. Sie erhielt den Namen Merkur.

Jede der drei Mütter hatte Merkur etwas von sich mitgegeben: Von der Sonne bekam sie das Licht, das Spiel und die Kraft der Umwandlung. Von der Muse erhielt sie die Energie, den Antrieb, den Vorausblick. Und die leibliche Mutter Venus gab ihrer ältesten Tochter den Tanz, die Töne und die Dunkelheit. Aus all diesen Gaben setzten sich nun die Fähigkeiten der neuen Planetin zusammen.

Aus Licht und Dunkel wurde Zwielicht, Schattenreich. Aus den Umwandlungskräften wurde die Wandlungsfähigkeit. der Vorausblick machte sie zur Prophetin und zur Kennerin der Wege. Sie wurde die Erfinderin der Musik, erfand das erste Instrument, die Leier. Die Energie und der Antrieb der Muse wurden zur Fähigkeit der Bewegung.

Merkur war die Bewegung an sich. Sie war die Kommunikation in all ihrer vielfältigen Ausprägung: Sie war Verbindung, Brücke. Sie war die Vermittlerin und Begleiterin. Merkur war die Seelenführerin, die die Träume eingibt und die Lebenden in den Tod und die Toten ins Leben führt.

Merkur, die Wanderin unter den Planetinnen, konnte nie lange an einem Aufenthaltsort verweilen. Sie hatte ein unstetes, nervöses Wesen, war sehr ungeduldig. Am wohlsten fühlte sie sich, wenn sie sich bewegen konnte, dann war sie ganz in ihrem Element.

Getrieben von ihrer Rastlosigkeit reiste sie von Planetin zu Planetin, von Schwester zu Schwester. Sie überbrachte Botschaften, sammelte und leitete Informationen weiter, vermittelte, kommunizierte und weissagte. Sie ging all ihren Fähigkeiten nach, nahm spielerisch ihre Aufgaben in diesem jungen System wahr.

In diese Zeit hinein gebar Merkur ihre Tochter Persephone. Sie war ein Kind des Tanzes, des Spiels, der Bewegung — und Merkurs größtes Vergnügen war es, mit ihrer dunklen Tochter zu spielen und umherzutollen. Es war eine schöne Zeit.

Doch dann kam der Zeitpunkt der Geburt der Urania, die Merkurs Oktave war, ihre höhere Entsprechung.

Von diesem Zeitpunkt an änderte sich vieles. Nicht alles verlief mehr harmonisch. Es gab fortan Spannungen untereinander, Neid und Mißgunst.

So hatte Merkur beispielsweise ab nun Schwierigkeiten mit ihrer jüngsten Schwester, der Mondin. Merkur fühlte sich von ihr beobachtet, von einer stummen Forderung verfolgt, die sie nicht verstand. Sie, die Vermittlerin, verstand etwas nicht mehr! Wie sollte sie da ihrer Aufgabe nachkommen wie bisher? Wie kommunizieren, wenn sie non-verbales nicht mehr verstand?

Die ersten Zweifel tauchten auf. Die Verständigung untereinander funktionierte nicht mehr so reibungslos wie zuvor. Nicht alle Informationen wurden vollständig abgegeben, und nicht alle Botschaften wurden richtig weitergeleitet. Es gab Mißverständnisse.

Auch mit ihrer energetischen Mutter Sonne hatte Merkur fortan Probleme. Merkur fühlte sich von ihr überstrahlt, durch ihr Strahlen nicht gesehen, nicht wahrgenommen. Und da die Sonne täglich mehr und mehr strahlte und immer heißer wurde durch die von ihr ausgehende Energie, mied Merkur bald ihre Nähe, um nicht zu verbrennen.

Trotzdem gab es immer wieder Zeiten der Annäherung zwischen ihnen.

Zu einer solchen Zeit begab es sich nahe der Sonne, daß Merkur, wie so oft, mit Persephone spielte, sie umherwirbelte und dann ein Stück hoch in die Luft warf. Sie breitete die Arme aus, um ihre Tochter wieder aufzufangen — doch diese verschwand im All, im Nichts. Merkurs Arme blieben leer. Entsetzt starrte sie in die Richtung, in die ihre Tochter aus diesem System verschwunden war. Hatte sie ihr geliebtes Kind so weit hinausgeschleudert? Wie war das möglich? Wo war Persephone jetzt? Und warum kam sie nicht zurück?

Voller Unbehagen und Schuldgefühle verharrte Merkur an genau jener Stelle, an der das Unglück geschehen war. Irgendwann einmal würde ihre Tochter vielleicht zurückkehren. Und dann wollte sie da sein, um sie liebevoll zu begrüßen. In dieser Hoffnung befangen, wartete Merkur. Sie bewegte sich nicht von der Stelle, verfiel mehr und mehr in absolute Starre und Bewegungslosigkeit, ausgelöst durch ihre Trauer und Resignation. Und da sie bewegungslos geworden war, konnte sie ihre Fähigkeiten nicht mehr leben. Versunken in ihre Trauer, in ihren Schmerz, verweigerte sie die Ausübung ihrer Aufgaben, verweigerte die Bewegung.

Und so wartet sie noch heute in der Nähe der Sonne, verbrennt allmählich und gibt sich völlig ihrer Ohnmacht hin. Sie kann seither nicht mehr tun, nicht mehr umsetzen und ist innerlich starr geworden, leer. Ihre Selbstaufgabe macht sie einsam, und ihre Schuldgefühle geben ihr Zweifel ein und Mißtrauen sich selbst gegenüber.

Der Fortgang

PLUTOS

Pluto, die Tochter der Venus, Merkurs und Neptuns, hatte von ihren Müttern das Dunkle geerbt und das Schattenreich. Die Fähigkeiten, die daraus erwuchsen, waren Macht und Auflösung aller Formen. Pluto war eine sehr mächtige Frau, eine Frau, die in sich mächtig, sich ihrer Macht bewußt war und diese nie über andere anwandte. Sie beherrschte das Formauflösen besser als das Formschaffen, so wurde es zu ihrer Gabe und sie die Gebieterin über das Totenreich. Sie vertrat die andere Seite des Lebens — die unsichtbare. Sie hütete und versorgte die Saat ***unter*** der Erde, bereitete die im Winter zurückgezogene Saat auf das Keimen im Frühling vor.

Mit ihrem Pendant Venus verband sie eine tiefe Liebe, ohne die ihr Wissen über Macht gar nicht möglich gewesen wäre.

Eines Tages bildete sie mit Venus und Muse ein Dreieck um ein neues Planetenkind zu schaffen, Urania. Bei ihrer Geburt geschah einiges, dessen Auswirkungen bis ins heutige Zeitalter hineinreichen.

Als Urania das Licht ihrer Welt erblickte, schrie sie ihren Schmerz und ihre Freude, ihren Willkommensgruß lauthals und in den höchsten Tönen hinaus. Ihre Fähigkeit war die Intensität — und so war auch ihr Schrei unvorstellbar intensiv.

Die drei Mütter umringten fasziniert ihre Tochter; auch alle anderen Planetinnen standen meist zu zweit und starrten gebannt auf den schreienden Neuankömmling, gefesselt von dieser unglaublichen Intensität. Alle sangen Töne.

Doch dann geschah die

NEGATIV—TRANSFORMATION

Während Urania schrie, trat Pluto einen Schritt zur Seite und ließ ihren Blick in die Ferne schweifen. Da sah sie, weit entfernt — in einem anderen Sonnensystem —, eine gewaltige Explosion, ähnlich einem Atompilz. Das war die Negativ-Transformation. In dieser Sekunde erkannte Pluto, daß es so etwas wie Gefahr gab, Schmerz, Neid, Eifersucht, Gewalt. Zum ersten Mal in dieser jungen Welt entstand ein Bewußtsein über die Möglichkeit des Negativen. Von jetzt an würde es auch in dieser Welt Mißverständnisse geben und Disharmonie.

Langsam drehte sich Pluto wieder um, betrachtete die schreiende Urania. Intensität. Sie warf einen Blick zurück ins All, wo gerade die letzten roten Lichter der Explosion erloschen. Kernenergie. Wiederum schaute sie auf Urania, und dunkle Schatten legten sich auf Plutos Gesicht: sie brachte beide Ereignisse in Verbindung, verknüpfte sie miteinander. Hatte Urania diese Explosion hervorgerufen durch ihr Geschrei? War ihre Intensität genauso gefährlich wie die Kernenergie?

Solche Gedanken beschäftigten Pluto, während sie sich innerlich mehr und mehr von ihrer Tochter distanzierte. Und dann dieses Geschrei! Am liebsten hätte sie sich die Ohren zugehalten, um diese Töne nicht mehr hören zu müssen. Die Töne . . . sie wurden immer schriller, immer höher . . . Und dann dachte Pluto, ihr Herz müsse zerspringen: sie selbst brachte plötzlich keinen einzigen Ton mehr heraus! Die hohen Töne der Urania lähmten Pluto so, daß sie nicht mehr singen konnte. Tränen der Wut, der Verzweiflung, der Ohnmacht rannen ihre Wangen hinunter. Gefühle überrollten sie, die Pluto bisher noch nie gekannt hatte.

Sie schaute auf, suchte Blickkontakt mit Venus und Muse, um sich Trost zu holen und Hilfe. Da sah sie, wie die beiden sich gerade liebevoll in die Augen schauten, ihre Körper im Tanz aufeinander zu bewegten, euphorisch singend. Pluto fühlte sich ausgeschlossen, unverstanden und — zum ersten Mal in dieser Welt — eifersüchtig. An all dem war nur diese Göre schuld! Urania!

Überwältigt von ihren Schmerzen, unfähig, mit all diesen neu aufgetretenen Gefühlen auf einmal fertigzuwerden, ging Pluto ohne ein Wort davon. Immer weiter ging sie, so weit, bis keine sie mehr sehen konnte. Sie ging bis an den äußersten Rand dieses Sonnensystems und gab sich ihrem Schmerz hin. Sie vergaß, was sie von der Liebe wußte, vergaß, daß sie die andere Seite des Lebens war. Pluto ging auf in dem einen Extrem, in das sie sich durch ihren Schmerz hineinsteigerte: in der Auflösung, im Tod, im Vergessen.

Ihr Wissen über Macht in sich selbst ging über in Ohnmacht und in Macht-er-greifung über andere. Sie wollte sich nicht mehr erinnern an Frauenmacht und Frauenliebe, denn diese Erinnerung ließ den Schmerz wiederkehren und das Ohnmachtsgefühl.

Doch obgleich die anderen Planetinnen die Möglichkeit zur Negativ-Transformation nicht — wie Pluto — selbst gesehen hatten, so bekamen sie dennoch alle die Auswirkungen zu spüren.

Die Verlassenheit der

NEPTUN

Die dunkle Neptun hatte große schöpferische Fähigkeiten. Sie war die Kreativität, diejenige, die Form gab. Von ihrer Mutter, der Sonne, hatte sie vor allem die starke Ausstrahlungskraft geerbt, die sich bei Neptun so auswirkte: die anderen Planetenfrauen fühlten sich zu ihr hingezogen, da Neptun in ihnen eine starke Sehnsucht weckte. Eine Sehnsucht danach, Altes wiederzuerlangen, Neues aufzubauen, Sehnsucht danach, Träume zu verwirklichen. Und etwas an Neptuns Ausstrahlung vermittelte die Hoffnung, diese Sehnsucht in ihrer Gegenwart verwirklichen zu können. (Später kam es wegen dieser Wirkung Neptuns öfter zu Mißverständnissen, da manche die in ihnen geweckte Sehnsucht mit »verliebt sein« verwechselten.)

Als Tochter der vielumringten, vielbeschäftigten Sonne war Neptun in ihrer Kindheit oft allein. Ihre Mutter hatte keine Zeit für sie und wohl auch weder Geduld noch Interesse, sich mit dem ruhigen, insichgekehrten Kind auseinanderzusetzen.
Anfänglich nahm Neptun das als gegeben hin, ohne Schmerzen. Doch dann kam die Negativ-Transformation — und mit ihr die Veränderungen: Neptun begann zu werten und sich abzuschließen. Sie beklagte sich nie. Sie litt still, zog sich mehr und mehr in sich zurück und versuchte, sich mit ihrem »Schicksal« abzufinden.

Manchmal jedoch wurde sie von ihrer Mutter schön angezogen und herausgeputzt. Dann nahm die Sonne sie mit zu den anderen, stellte sie vor, strich ihr übers Haar und war ganz liebende Mutter. Stolz funkelten ihre Augen, wenn sie ihre schöne, dunkle Tochter ansah. Auch Neptun freute sich, blühte auf, wenn sie die leuchtenden Augen ihrer Mutter sah und deren Zuneigung spürte.

Aber diese Stunden waren recht selten. Und manchmal, wenn sie besonders einsam war, dachte Neptun, daß ihre Mutter sie nur zu Repräsentationszwecken brauche und sie gar nicht wirklich liebe. Dann weinte sie still in sich hinein, fühlte sich verlassen.
Meist kam dann die Venus voller Mitgefühl zu ihr und nahm sie in ihre Arme. War die Venus jedoch nicht in der Nähe, so kümmerte sich Merkur um die kleine Schwester. Beide, Venus und Merkur, schimpften dann manchmal über die Verantwortungslosigkeit der Sonne.

So wuchs Neptun auf. Und als sie erwachsen war, hatte sie eine größere Nähe zu Venus und Merkur aufgebaut als zu ihrer Mutter. Vor allem jedoch war sie sehr darauf bedacht, sich verantwortlich zu zeigen, um nicht die Fehler ihrer Mutter zu wiederholen. Oft kippte Neptun jedoch ins andere Extrem um, war überverantwortlich, fühlte sich verantwortlich für alles und jedes — nur nicht für sich selbst.

Ihr größter Schmerz lag aber in ihren Verlassensein-Gefühlen. In solchen Momenten hatte Neptun sich angewöhnt, die Verbindung mit sich selbst abzuschneiden, um nicht mehr diesen unerträglichen Schmerz fühlen zu müssen. Und einmal abgeschnitten, fiel es ihr unsagbar schwer, diese innere Verbindung mit sich selbst wieder herzustellen.

Wenn diese innere Verbindung unterbrochen war, hatte die Fähigkeit Neptuns, Sehn-sucht zu wecken, eine andere Wirkung: sie löste dann nur noch Sucht aus, machte süchtig. Sie vermittelte nicht mehr Hoffnung, sondern Illusion, Täuschung. So wurde Neptun einerseits begehrt, andererseits gefürchtet. Sie jedoch spürte davon nichts, wenn sie sich verlassen fühlte. Sie ließ dann keine Be-rührung zu, keine Verbindung und fand auch den Zugang zu sich selbst nicht mehr.

Die Veränderung der

MUSE

Muse war aus dem Zerriß der Venus hervorgegangen, hatte sich von ihr gelöst, um unabhängig zu sein. Muse, die große, dunkle, steckte immer voller Energie und Tatendrang. Spontan war sie und voller Lebensfreude. Ihre Impulse wurden gerne von den anderen aufgenommen. Überhaupt wirkte sie ansteckend, mit ihrem lebhaften, sprühenden Temperament. Sie er-zeugte viel Freude und gute Laune, viel Spaß und Sinnlichkeit.

Eines Tages bildete sie mit Pluto und Venus ein liebendes Dreieck, um eine gemeinsame Tochter zu gebären: Urania. Muse fühlte sich wohl in diesem Dreieck. Liebevoll lächelte sie den beiden zu, und sie sah die warme Erwiederung in ihren Augen.

Muse erfreute sich an ihrer Tochter, die soeben schreiend die Welt begrüßte. Was mochte dieses Kind ihrer dreier Liebe wohl tragen? sinnierte sie.

Muse sang ihren Stolz und ihre Freude laut hinaus. Sie begegnete Venus' Blick und fühlte von ihr ähnliche Empfindungen ausgehen.

Beide sangen sich zu, strahlten sich an und wiegten sich im Takt ihrer gemeinsamen Melodie. Muse spürte die Einigkeit zwischen Venus und sich — so vertraut —, sie fühlte sich Eins mit ihr.

In diesem Moment war der Zeitpunkt der Negativ-Transformation gekommen.

Zum zweiten Mal zerriß das Band des Einsseins zwischen Venus und Muse, erneut kam es zur Trennung. Diesmal jedoch hatte Muse sich nicht loslösen wollen, diesmal kam das Auseinander-gerissenwerden völlig unerwartet.

Muse spürte eine unendliche Qual in sich aufsteigen.

Allein. Wieder war sie allein.

Was sollte das alles? Durfte sie sich nicht Eins, nicht wohl fühlen?

Gerade noch war sie so glücklich gewesen, so verbunden.

Doch jetzt?

Plötzlich erschien ihr alles un-sinnig; ihr ganzes Leben hatte keinen Sinn mehr für sie.

Hilfesuchend blickte sie auf — doch sie traf auf keine verstehenden Augen. Pluto — wo war Pluto? Sie würde Muses Qual verstehen. Endlich trafen sich ihre Blicke.

Doch was war das? In Plutos Augen fand sie keine Liebe mehr, nichts ihr wohlgesinntes. Das, was sie in ihnen lesen konnte, waren Gefühle, die Muse bisher noch nie gespürt, noch nie gesehen hatte. Sie wußte keine Worte dafür — doch sie verstand den Inhalt. Jetzt war sie völlig alleine. Pluto würde ihr nicht helfen, das hatte sie begriffen.

Verzweifelt neigte Muse den Kopf. Aus. Jetzt war alles aus. Welchen Sinn hatte da ihr Leben, ihre Existenz noch?

Äußerlich sang Muse weiter, als wäre nichts geschehen. Keine merkte ihr an, was sie bewegte. Alle waren mit ihren eigenen Veränderungen, die sie nicht begriffen, beschäftigt. So fiel keiner Planetin auf, welche Qualen Muse innerlich durchlitt. Muse gab sich selbst keine Daseinsberechtigung mehr.

Fortan lebte Muse äußerlich weiterhin wie bisher. Ihr innerer Boden jedoch war ein anderer geworden. Ihre Fähigkeiten, die Muse nach wie vor hatte, trafen auf diese veränderte Grundlage, und so veränderte sich ihr Ausdruck, ihre Auswirkung. Muse achtete nicht mehr darauf, was sie bewirkte. Alles war ihr gleichgültig geworden. Die initiatorischen Energien Muses, die sie weiterhin lebte und einsetzte, wurden aggressiv, gefährlich, ja sogar tötend und mordend.

Aus Muse war Mars geworden.

Das Un-gleichgewicht der

ERDE

Die Erde, die Helle, war die zweite Tochter der drei Urmütter in dieser jungen Welt. Die schöpferischen, materialisierenden Kräfte der drei verbanden sich bei der Erde zu der Fähigkeit des Sichtbar-machens, des in die Wirklichkeit, in die Zeit holens. Diese Kraft der Erde war wichtig für das Neue System, denn durch sie wurde das Geschaffene erst wahr, verdichtete sich in dieser Zeit-Ebene, wurde Materie.

Von ihrer Mutter Venus hatte Erde vor allem die Liebe geerbt. Bei der Erde wurde diese Gabe zu einer Liebe fürs Detail und für Alle. Es war keine Liebe, die auf Einzelne gerichtet war, sondern auf Einzelheiten ebenso, wie auf Zusammenhänge, auf Gruppen.

Immer schon hatte Erde eine besondere Zuneigung zu ihrer älteren Schwester Merkur und zu der jüngeren Jupiter. Mit Merkur verband sie ein tiefes, grundsätzliches Verständnis; mit Jupiter teilte sie die Liebe zur Natur und ihren Gesetzen, sowie den Ge-rechtigkeitssinn.

Erde teilte ihre Liebe mit allen. Nie jedoch kam es dazu, daß sie sich selbst dabei vergaß, aufgab. Immer waren ihr ihre Grenzen bewußt, immer war ihr das Gleich-gewicht wichtig. Das Gleich-gewicht zwischen sich und den anderen, der Natur, der

Welt. Das Gleich-gewicht zwischen allem Lebenden und Toten, zwischen allen Gegensätzen. Die Gleich-wertigkeit allen Seins.

Am Tag der Negativ-Transformation stand Erde mit im Kreis, den die Planetinnen um die liebenden Drei bildeten.
Erde sang aus voller Kehle, freute sich mit den dreien, freute sich mit dem weinenden Kind.
Dann geschah es.
Die Veränderungen begannen.
Erde, die gerade schöne, helle Töne sang, im Einklang mit Venus, spürte plötzlich einen heftigen Stich im Herzen. Hier stimmte etwas nicht, hier war etwas nicht im Gleichgewicht! Es war, als würde etwas in ihr zerbrechen, zerspringen, wie ein Kristall.

Sie wandte sich ab, drehte dem Kreis der singenden Frauen den Rücken zu. Erde spürte, wie Merkur sie berührte, um sie auf etwas aufmerksam zu machen. Doch sie hatte kein Interesse daran. Sie wollte nichts von all dem wissen.

Erde wollte allein sein, allein — ohne Verbindung zu den anderen, damit sie das Un-gleichgewicht nicht mehr wahrnehmen, nicht mehr aushalten mußte.
So brach sie die Verbindung ab, vereinzelte sich mehr und mehr, machte sich unerreichbar.

Und da das Unglück, das Ungleichgewicht, beim Singen aufgetreten war, nahm Erde all ihre Töne zurück, verschloß sie in ihrem Innersten, um weitere Ungleichgewichte zu verhindern. Mit ihren Tönen versteinerte sie jedoch auch ihre Sinnlichkeit, machte sie zu Materie.

Auch Erdes Liebesfähigkeit veränderte sich: Sie ging aus der Liebe zu sich, ging damit selbst ins Un-gleich-gewicht. Sie achtete ihre Grenzen nicht mehr, vergaß sich, opferte sich auf für andere. Und da Erde Materie war, nahmen auch diese Veränderungen sichtbare Gestalt an: Sie wurde krank — körperlich schwer krank.

Die kollektive Sehnsucht der

SATURN

Saturn war die fünfte Tochter der Venus. Ihre Helligkeit hatte sie von ihrer energetischen Mutter Erde geerbt, ebenso, wie ihren Hang zu festen Bindungen, zu Materie. Ihre dritte Mutter, Neptun, hatte ihr die Durchlässigkeit vermacht, die Transparenz für Saturns kristallklare Energien. Venus hingegen vermachte ihrer Tochter die Liebe, die beides miteinander verbindet.

Saturn blühte in einer Gruppe erst richtig auf. Hier konnte sie spielerisch alle Schwingungen aufnehmen und gesammelt, konzentriert, wieder abgeben. Immer war es Saturn, die »den Nagel auf den Kopf traf«, die genau das aussprach, was alle dachten oder empfanden, aber nicht in Worte fassen konnten. Sensibel nahm Saturn jede feine Schwingung auf, spielte Kristall, ließ sie durch sich hindurch fließen, um sie dann zum Ausdruck zu bringen.

Im Kollektiv nahm sie sich erst richtig wahr, spürte sich. In der Wechselwirkung konnte sie ihre Fähigkeiten leben, sah einen Sinn in ihrem Dasein.

Zum Zeitpunkt der Negativ-Transformation stand Saturn mit den anderen zusammen im Kreis.
Sie ging auf in diesem Gruppengefühl, war selbst Schwingung unter Schwingungen. Sie liebte diese Zusammenkünfte und Energiekreise. Saturn gab sich völlig ihren Empfindungen hin, genoß sie und vergaß dabei ihre Umgebung.

So kam es, daß Saturn anfänglich nichts von dem Ereignis bemerkte, das bei den anderen so viel auslöste. Dennoch spürte sie etwas Fremdes, Neues. Die Schwingungen, die Saturn von den anderen Planetinnen aufnahm, veränderten sich — minimal zunächst, doch deutlich spürbar. Und über diese Schwingungen drang das Unbekannte in sie ein. Es breitete sich in ihrem Inneren aus und beeinflußte hier — kaum wahrnehmbar — die Strukturen Saturns, ihre Wertigkeiten und ihre Selbstliebe.

Anfänglich versuchte Saturn, die Geschehnisse zu ignorieren. Doch irgendwann konnte sie nicht mehr an den Veränderungen vorbeisehen.

Saturn verdunkelte sich. Sie wurde starr, ging nicht mehr spielerisch mit den Schwingungen um, sondern hielt sie fest, be-wertete sie. Saturn verlor mehr und mehr an Durchlässigkeit, gewann statt dessen an Festigkeit, an Härte. Ihre kristallklaren Energien verdichteten sich, wurden steinern.

Saturn verglich sich mit den anderen, wollte wissen, wer sie alleine war, sie ganz alleine für sich. Saturn nahm nur noch sich wahr, aber nicht sich in der Wechselwirkung.

Das Kollektiv konnte nicht mehr zusammenfließen, und Saturn war nicht mehr Kristall genug, um die Schwingungen des Kollektivs aufzunehmen und konzentriert abzugeben. Sie wirkte jetzt eher hemmend, da sie alles Fließende faßbar, fest machen wollte. Saturn wurde immer steinerner, abweisender. Den anderen erschien sie immer öfter wie eine manifestierte Grenze, eine nach Außen verlagerte Blockade.
Saturn jedoch wurde einsam. Sie sehnte sich nach dem Kollektiv, das sie gekannt und in dem sie ge-lebt hatte.
Fortan war sie immer auf der Suche nach einem solchen Kollektiv.
Doch bisher fand sie nie das richtige, das gesuchte, in dem Saturn wieder Wechselwirkung, wieder Kristall sein konnte.

Die Ausdehnung der

JUPITER

Jupiter, die dritte Tochter der Venus, war auch ein Kind Merkurs und Neptuns.

Wiederum hatte Venus ihr Wissen über Liebe weitervererbt. Merkurs Wissen über Bewegung und ihre Kenntnis aller Wege trafen auf Neptuns Weisheiten über Formgebung und Grenzauflösungen. All das vereinigte sich in Jupiter zum Wissen über Gesetzmäßigkeiten, über Natur-Gesetze.

Seit sie in der Neuen Welt war, gab es keine An-passungsschwierigkeiten mehr.

Jupiter hatte wohltuend klare Energien; gezielt, gebündelt, wie ein Laser-Strahl setzte sie diese ein. Sie wußte sofort, was zu tun war, was richtig war. Sie wußte genau, wie was getan werden mußte, so daß das natürliche Gleichgewicht erhalten blieb. Hier zeigte sich oft Jupiters Sinn für Ge-rechtigkeit. Und auf diesem Boden ihres Wissens konnte sie ihre Fähigkeiten leben. Denn auch das war eine Gesetzmäßigkeit: daß ein bestimmtes Umfeld vorhanden und der richtige Zeitpunkt gekommen sein mußte, um die jeweiligen Kräfte und Fähigkeiten konstruktiv anwenden zu können. So floß Jupiters Wissen in die Planetinnen-Gruppe ein und bildete eine Grundlage dazu, daß jede sich leben konnte.

Als dann die Negativ-Transformation kam, war Jupiter damit konfrontiert, daß sich alles um sie herum veränderte — nicht nur die Planetinnen, sondern auch die Umgebung, die Schwingungen des Umfeldes veränderten sich.

Plötzlich stimmte ihr Wissen nicht mehr mit den Gegebenheiten überein. Alles war im Un-gleichgewicht, überall fand sie Un-gerechtigkeit vor.

Da sich das Umfeld verändert hatte, waren auch andere Gesetze notwendig geworden.

Das jedoch wollte Jupiter nicht wahrhaben. Sie wollte einfach nicht, daß die alten, guten Gesetze plötzlich ihre Gültigkeit verloren haben sollten! Nein, das durfte nicht geschehen! Was so lange sich als gut und richtig erwiesen hatte, durfte nicht so leicht mißachtet und unnütz werden! Außerdem — was wurde dann aus ihr, Jupiter? War auch sie jetzt überflüssig? War nun alles falsch, was ihr wichtig und wert war im Leben?
Nein, sie wollte nichts von der Negativ-Transformation wissen.

So kam es, daß Jupiter alle Veränderungen ignorierte und ihr Wissen um Gesetze weiterhin anwandte, als wäre der Boden der gleiche geblieben.

Sie hatte ihr altes Wissen behalten und lebte es nach wie vor. Aber es vermittelte sich nicht mehr, wurde nicht verstanden und nicht aufgenommen. Es traf nicht auf das richtige Umfeld, auf den nötigen Boden. Und so konnte Jupiter das angewandte Wissen nicht mehr stimmig ausdrücken. Sie wurde verw-irrt.

In ihrem Bemühen um An-passung wurde Jupiter immer weiter in ihrer Toleranz, immer grenzen-loser. Alles war gut, alles stimmig, alles richtig — ge-recht verteilt. Überall wendete sie ihr Wissen an, wurde weiter und weiter, toleranter und toleranter. So begann Jupiters endlose Ausdehnung.

Die Un-schuld der

URANIA

Urania war die dunkle Tochter der Venus, der Muse und Plutos. Die Kraft, die in ihr zutage trat, war die Intensität.
Gewaltige, unvorstellbare Intensität. Reine Intensität.

Doch Urania kam zum Zeitpunkt der Negativ-Transformation zur Welt.

Genau in dem Moment, als die Neugeborene all ihre intensive Energie in den Begrüßungsschrei legte, begannen die Veränderungen.

So hatte Urania keine Gelegenheit, ihre Fähigkeiten in einem intakten, konstruktiven System zu leben.

Und die meisten Planetinnen brachten die beiden gleichzeitig geschehenen Ereignisse — Uranias Geburt und die Negativ-Transformation — in einen direkten Zusammenhang. Sie glaubten, Uranias Schreien habe den Umbruch ausgelöst, ja sogar, Uranias Energie, ihre Gabe, sei so gefährlich, daß sie die Veränderung zum Negativen verschuldet habe. Außerdem gaben sie Urania die Schuld am Fortgang Plutos.

Vor allem Venus und Muse hielten zu Urania. Sie glaubten nicht, was die anderen behaupteten. Sie nahmen Urania in Schutz, erklärten, die Gleichzeitigkeit der Ereignisse sei zufällig und habe nichts mit Uranias Intensität zu tun.

Doch meistens stießen sie nur auf taube Ohren.

Sicher — zeitweise versuchte immer mal wieder eine der Planetinnen Nähe zu Urania herzustellen. Es war nicht so, daß alle Urania gemieden hätten!

Aber eine gewisse Distanz blieb dennoch immer zwischen ihnen. Es kam kein richtiges Vertrauen auf.

Jede ließ sich nur vorsichtig auf Urania ein — denn die Intensität Uranias hielt keine lange aus. Sie war bedrohlich. Und so legte jede ein gewisses Maß an Distanz zwischen sich und Urania, um nicht zu viel Intensität erleben, zulassen zu müssen.

Urania selbst spürte natürlich die Distanz, die Angst der anderen. Oft hörte sie deren Vorwürfe und Rechtfertigungen, sie sei Schuld an den Veränderungen, ihre Intensität habe diese verursacht.

Vor allem der Vorwurf, Pluto sei wegen ihr fortgegangen, schmerzte Urania. Sie liebte Pluto, obwohl sie sie kaum kannte. Gerade von ihr ersehnte Urania sich Verständnis und Anerkennung — Liebe, Nähe.

Sie fühlte sich un-schuldig, hatte nichts getan. Ihre bloße Anwesenheit stieß auf die Vorsicht, das Mißtrauen der anderen. Zu gerne hätte Urania Nähe gelebt, hätte endlich einmal all die konstruktiven Kräfte ihrer Intensität mit anderen geteilt. Doch jedes Mal traf sie auf das Entsetzen der Planetinnen. So hielt Urania ihre Energie mehr und mehr zurück, machte sich unerreichbar, unnahbar für die anderen, um nicht immer wieder gegen deren Mauern zu laufen.

Urania hielt sich zurück, versuchte, ihre Intensität so wenig wie möglich zu leben. Sie ging auf Distanz, um die Distanz der anderen nicht mehr schmerzhaft erleben zu müssen.

Sie erklärte ihre Un-schuld nicht mehr.

Oder ihr Nähe-Bedürfnis.

Urania redete nicht mehr darüber.

Das Verschwinden der

PERSEPHONE, ISIS und ARANAT

Persephone war die dunkle Tochter der Merkur. Von ihr hatte sie die Beweglichkeit geerbt, den Tanz, das Spiel. Pluto gab ihr die Frauenliebe und Frauenmacht mit und Venus die Fähigkeit der Materialisation.

In Persephone verbanden sich all diese Gaben zum Wissen über Parthenogenese.

Isis, die helle Tochter Plutos, verknüpfte Plutos Macht, Venus' Liebe, ihr Alle-sein, mit Merkurs Bewegung und Verbindung zur Gabe der Vielfalt. Sie war die Tänzerin, die alle Möglichkeiten hatte.

Aranat war die dunkle Tochter Neptuns, der Venus und Merkurs. Von ihnen hatte sie die Gaben des Formlösens, des Formens und des Weges zwischen beidem geerbt.

Aranat war das Paradoxon, war Chaos.

Alle drei waren die dritte Generation der Neuen Welt. Sie waren Töchter der Töchter — zwar noch vor der Negativ-Transformation geboren, aber dennoch die Enkelkinder.

Unbeschwert und heiter waren sie, von allen Planetinnen verwöhnt. In sie wurden alle Hoffnungen, alle Erwartungen gesetzt — sie waren die Zukunft der Neuen Welt.

Zusammen trugen die drei daher die Visionen und die Erinnerungen über ihrer aller Leben und Lieben, das Wissen über Kollektive, das Wissen über Frauen-Planetinnen-Kulturen. Alle Planetinnen liebten die drei, sie waren der Stolz aller.

Die Negativ-Transformation hatte bei den dreien ähnliche Auswirkungen.

Es gab keinen sichtbaren Auslöser — die Veränderungen schlichen sich in ihr Innerstes ein.

Neuerdings fühlten sich die drei überfordert von den an sie gestellten Erwartungen. Überfordert — und nicht als eigenständige Persönlichkeiten gesehen. Als die Trägerinnen all der Hoffnungen fühlten sie sich geliebt, geachtet, aber nicht um ihrer selbst willen.

Sie wollten Anerkennung für das, was sie täglich vollbrachten, Anerkennung für ihre Taten, ihre Künste, ihre spontane Kreativität.

Darin jedoch fühlten sie sich eher gutmütig geduldet und überheblich belächelt!

In diese Gefühle steigerten sich die drei mehr und mehr hinein. In jeder Kleinigkeit fanden sie Bestätigung für ihr Empfinden. Bald waren sie völlig von der Ignoranz und Überheblichkeit der anderen Planetinnen überzeugt. Sie fühlten sich in ihren wesentlichen Aspekten und Ausdrücken nicht verstanden, nicht gewollt.

Schließlich fühlten sie sich so verletzt und abgelehnt, daß sie — jede wegen einem anderen Auslöser, alle jedoch aus dem gleichen Grund und etwa zur gleichen Zeit — dieser Welt und ihren Bewohnerinnen beleidigt den Rücken kehrten.

Sie gingen davon — verließen dieses System, in dem sie sich zum Schluß nur noch fremd und ungewollt, unpassend gefühlt hatten.

Sie wollten nicht eher zurückkommen, bis sie tatsächlich erwünscht wären.

So lange wollten sie verschwinden — und alles von sich mitnehmen.

Und dort wollten sie bleiben, bis sie gebeten würden, zurückzukehren.

Die Nabelschnur der

MONDIN

Die Mondin war die jüngste, die siebente Tochter der Venus. Muse und Jupiter waren ihre anderen Mütter. Ihr Erbe waren die Gesetzmäßigkeiten, die Liebe und das aktive Umsetzen.

Die Mondin war die Heilerin unter den Planetinnen. Ihr Wissen über die Gesetze ließ sie Rhythmus sein — Rhythmus allen Lebens, allen Todes.

Als solche geleitete sie die Planetinnen durch deren Prozesse, durch Schmerzen und Krankheit. Sie gab ihnen den Rhythmus dabei ein und heilte sie.

Die Kommunikation war eine weitere Fähigkeit der Mondin. Nicht — wie Merkur — die Kommunikation schlechthin war ihr Talent, sondern eine ganz ursprüngliche, direkte Form des Kommunizierens, eine, die auf unmittelbares Empfinden beruhte. Sie spürte sofort und eindeutig Sympathie oder Antipathie, Angenehmes oder Unangenehmes heraus. Sie fühlte es vorher, wenn etwas Entscheidendes passierte. Es teilte sich ihr im Nabelbereich mit.

Die Mondin nahm eine Sonderstellung ein unter den Planetinnen. Sie war die einzige, die ***nach*** der Negativ-Transformation geboren war.

Sie war die einzige, die nicht nur aus Spaß und Spiel und Lust geboren war, sondern vor allem zu einem bestimmten Zweck. Sie war geschaffen worden, um die schwerkranke Erde zu heilen.

Anfänglich hatte Mondin einen engen Bezug zu ihrer ältesten Schwester, Merkur. Die beiden hatten einige Ähnlichkeiten miteinander, verstanden sich von daher in ihrer Tiefe, in ihrem Nabel. Dieses Verständnis voraussetzend, suchte Mondin immer häufiger Merkurs Nähe.

Mondin hatte Sorgen. Sie fühlte sich minderwertig, von den anderen Planetinnen nicht in ihrem Kern erfaßt. Sie fühlte sich nicht als vollwertige Planetin, sondern eher

wie ein Anhängsel der Erde. Immer wurde sie in Verbindung, in Bezug zu ihr gesetzt! Nie wurde sie als eigenständige, unabhängige Planetin gesehen, mit eigenen, unabhängigen Fähigkeiten! Keine meinte sie, die Mondin, — alle sahen nur ihren Zweck und wollten den für sich in Anspruch nehmen!

In Erfahrung des tiefen, sprachlosen Verständnisses zwischen sich und Merkur, wandte sich die Mondin in ihrem Leid an sie. Mondin konnte ihre Gefühle nicht in Worte fassen, konnte ihre Empfindungen nicht ausdrücken, sich nicht vermitteln.

Merkur spürte die stumme Aufforderung der Mondin, ihr zu helfen. Doch sie verstand diese nicht mehr. Merkur wußte nicht, was die Mondin fühlte — sie wartete darauf, daß Mondin ihr Bedürfnis aussprach. Die Nabel-verbindung funktionierte nicht mehr wie früher. Merkur spürte die Erwartung, erlebte diese als Druck, konnte mit der Indirektheit der Forderung nicht umgehen und zog sich von der Mondin zurück.

Mondin fühlte sich tief verletzt und in ihren Empfindungen bestätigt. Sie, die dringend Merkurs Begleitung bedurfte, wurde nicht begleitet! Das, was allen Planetinnen selbstverständlich zustand, wurde ihr verweigert! Und das, obwohl sie sich für die anderen aufopfern sollte! Das war die Bestätigung ihrer Minderwertigkeit — in den Augen der Mondin.

Die Verehrung, die die Planetinnen ihr entgegenbrachten, konnte die Mondin nicht ernst-, nicht annehmen. Es blieb ihr Gefühl, daß diese Verehrung nicht ihr galt, nicht dem Teil von ihr, der ihr so wesentlich erschien, den sie aber nicht vermitteln konnte.

Mondin fühlte sich auch weiterhin nicht vollständig er-kannt, getroffen, nicht in ihrem Kern berührt.

Sie war stets auf der Suche nach ihrem tatsächlichen Wert, diesem Kern.

Und sie war auf der Hut — war über-vorsichtig darin, wie andere sie sahen. Mondins Empfindlichkeit in diesem Punkt wuchs. Immer schneller, immer eher reagierte sie verletzt, beleidigt.

In ihrem Schmerz konzentrierte sie ihre ganze Kraft, ihre Fähigkeit auf die Erde. Das war die Aufgabe, in der die anderen sie sahen — und das war die einzige Aufgabe, die sie von sich kannte. Deshalb wollte sie all ihr Wissen, ihre Talente dazu einsetzen, diese wenigstens zur Zufriedenheit aller zu erfüllen!

So kam es, daß die Mondin ihre geballte Kraft auf die Erde richtete und ihr ganzes Sein, ihren Sinn, ihre Daseinsberechtigung davon abhängig machte, wie gut sie ihre Aufgabe — die Erde zu heilen — erfüllte. So sehr konzentrierte sich die Mondin darauf, daß sie gar nicht merkte, wie die Zeit verstrich. Die Erde wurde gesund. Doch Mondin ließ sie nicht los aus ihrer Abhängigkeit, ließ die Nabelschnur nicht los.

Denn welchen Sinn, welchen Zweck hätte ihr Dasein, wenn die Erde wieder vollständig gesund und unabhängig wäre? Wer würde sie, die Mondin, dann noch brauchen?

Inhalt

Danksagung		
Gedicht an Nuth		
Einleitung		8
Etwas über uns		12
Composit		15
Grundsätzliches		16
Tierkreiszeichen		23
Planeten:	Sonne	76
	Merkur	80
	Venus	88
	Erde	94
	Mondin	100
	Mars / Muse	106
	Jupiter / Hera	118
	Saturn	126
	Urania	132
	Neptun	136
	Pluto	140
	Persephone	146
	Isis	148
	Aranat	150
Unsere Mythologie der Sterne, (ein Planetenspiel)		153
Anmerkungen		
Literatur		
Bildnachweise		

anmerkungen

s. 7 gedicht an nuth, übersetzung aus merlin stone ‚ancient mirrors of womanhood', material from the early ‚pyramid texts' of unas, pepi and teti.

s. 9 trancearbeit, eine art ‚technik', ähnlich einer tiefenentspannung, die uns ermöglicht, bilder, wissen, phantasien, träume aus den bereichen des u n beWussten zu spüren und zu erInnern.

s. 16 Sei-en, definition von mary daly ‚gyn/ökologie' s. 45

s. 17 frei nach dem gedicht ‚hunger' von adrienne rich in ‚macht und sinnlichkeit', s. 95

s. 18 separatismus, das wort kommt aus dem lateinischen und bedeutet eigentlich ‚etwas für sich gesondert bereiten'.

s. 19 ein berühmter satz, der auf dem standbild der isis zu seis steht. es gibt ein anschauliches beispiel: ‚wenn wir in eine flamme die beiden enden eines mit einem induktor verbundenen drahtes einführen, so daß ein elektrischer funkenstrom von einem ende zum anderen überspringt, stülpt sich die flamme ein. . . zwischen den beiden drahtenden wächst ein schwarzes kohlestoffskelett.' aus rudolf hauschka ‚substanzlehre'. für uns bedeutet dies, sichtbar zu machen, was in uns ist, für uns und andere. wir ‚stülpen' uns zu uns Selbst ein.

s. 20 wurzel, stammt aus dem indogerm., wo es ‚das gewundene, das runde' bedeutet.

s. 20 hysterie, kommt aus dem griechischen, wo ‚hystera' die gebärmutter heisst.

s. 20 dämoninnen, bedeutet ursprünglich ‚verteilerin des schicksals', wird erst im 17./18. jahrhundert zu dem ‚bösen geist', die sie heute sind/sein sollen.

s. 21 mächtig/macht/machen, ursprünglich ‚können, mögen'. in diesem sinne wollen wir es auch verstehen. es ist notwendig dieses wort aus der hierarchischen umklammerung von über- oder ohnmächtig zu lösen.

s. 22 morden, die indogerm. wurzel bedeutet ‚aufgerieben werden/mürbe'.

s. 26 DNS, trägerin der erbinformation. die inFormation ist auf einem wendeltreppenartig gedrehten doppelfaden angeordnet.

s. 32 haiku, eine japanische gedichtform, in der weite und konzentration geübt wird. die verfasser/innen der gedichte sind jeweils in klammer angegeben.

s. 39 chartres, eine berühmte franz. kathedrale, wurde von den tempelrittern auf einem uralten heiligtum erbaut. die kirche ruht auf einem 90 meter langen dolmen, einem megalithischen steingebäude.

s. 61 audré lorde, aus ihrem essay ‚vom nutzen der erotik, erotik als macht' aus ‚macht und sinnlichkeit'

s. 71 fremde, kommt aus dem niederhochdt. und bedeutet ‚vorwärts, weiter'. es ist erst durch misstrauen und furcht vor überraschung und veränderung zur unver-Trauten, beängstigenden möglichkeit geworden.

s. 73 beheimatet, heimat, indog. wurzel: der ort, wo wir uns niederlassen, lagern (alth. lehter = gebärmutter)

s. 73 würde, kommt wie werden aus der indogerm. wurzel von ‚kehren, drehen, wenden', ‚sich sich selbst zuwenden' könnten wir sagen.

s. 73 pegai heisst im griech. ‚quelle', das geflügelte pferd pegasus ist also quelle und pferd zugleich, sie ist das kind der medusa und stampft den musen mit ihren beiden goldenen, mondsichelförmigen hufen zwei quellen aus dem boden.

s. 102 dorle-margareta schiran hat die ephemeriden der lilith errechnet. sie sind zum preis von DM 3.50 über den inanah-verlag zu beziehen.

s. 118 frühjahrszepter, heras zepter war mit einem kuckuck geschmückt, dem frühjahrsvogel, das zepter trug sie in der rechten hand. den granatapfel, symbol des herbstes und des todes in der linken. weitere ausführungen in ranke-graves ‚griechische mythologie, quellen und deutung', band I, s. 42 12.1, 12.5

s. 118 heros, war der name für ‚hera's heiligen mann', den auserwählten jahreskönig / gatten der göttin. im alten griechenland war es das wort für ‚geist', für das männliche wesen, das zurückgekehrt war zur göttin. weitere ausführungen in barbare g. walker ‚the woman's encyclopedia of myths and secrets'.

s. 119 herd, aus dem indogerm. stamm ker ‚brennen/glühen', steht im übertragenen sinn für ausgangspunkt.

s. 119 fortuna ‚die das jahr bewegt' und ‚galaxis' siehe ‚die geheimnisse des tarot' von barbara g. walker s. 122

s. 121 ebenda s. 123

s. 134 maria mies schreibt dazu in ihrem aufsatz ‚magie oder spiritualität?' im heft 12 der ‚beiträge zur feministischen theorie und praxis', s. 86 ff

s. 136 tarotkarte aus dem selbstgestalteten deck von birgit schiran, es ist die karte XII, hängende oder heilerin (wie wir sie nennen), die neptun/orug zugeordnet ist.

zitierte bücher / Literatur

bürgels himmelskunde »entdeckungsreisen zu fernen welten«,
wilhelm goldmann verlag, gütersloh 1975

lesbenkalender '82,
selbstverlag petra panther, frauenbuchvertrieb berlin

mary daly — »gyn/ökologie« — eine meta-ethik des radikalen feminismus, frauenoffensive, münchen, 1981

sir galahad, — »mütter und amazonen«, non stop, münchen 1976

dagmar schultz (hg.) — »macht und sinnlichkeit« ausgewählte texte von adrienne rich und audre lorde, sub rosa frauenverlag, berlin 1983

die gedichte auf den seiten
sind aus dem gedicht / essay / bildband »mein begehren ist die erde« von ute schiran, der im inanah-verlag in vorbereitung ist.

hauschka, rudolf — »substanzlehre«, vittorio klostermann, frankfurt/main 1976

duden, — das herkunftswörterbuch, bibliographisches institut, mannheim / wien / zürich 1963

shuttle, redgrave — »die weise wunde menstruation«, fischer, die frau in der gesellschaft, frankfurt/main 1983

merlin stone — »ancient mirrors of womanhood« beacon press, boston 1984

ranke-graves — »griechische mythologie« quellen und deutung, band I und II, rowohlt, hamburg

barbara g. walker — »the woman's encyclopedia of myths and secrets« harper & row, san francisco, 1983

d.s. — »die geheimnisse des tarot«, verlag bruno martin, 1985

verschied. — »haiku«, japanische gedichte, neske verlag, pfullingen

gisela v. frankenberg
»kulturvergleichendes lexikon«, verlag gisela von meussling, edition die maus, bonn 1985

barbara starrett »ich träume weiblich«, frauenoffensive münchen, 1976

mary daly »pure lust«, elemental feminist philosophie, das gedicht ist aus der auszugsweisen übersetzung von erika wesselinck, anlässlich mary dalys vortragsreise durch die brd 1982

louis charpentier »die geheimnisse der kathedrale von chartres« gaia verlag köln, 1983

bildnachweise

die bilder auf seite 6, 11, 31, 36, 40, 47, 64, 71, 105, 126, 131 hat birgit schiran gemacht

die bilder auf seite 69, 95, 107, 118, 145, 151, 164, 168, 169 hat ute schiran gemacht

die bilder auf seite 52, 76, 78, 85, 89, 91, 100 und 172 hat uns luisa francia zur verfügung gestellt
das bild auf seite 120 hat uns silke beyn geschenkt,
das bild auf seite 177 hat uns uschi neubauer gegeben,

die bilder auf seite 80, 99, 133, 142, 157 und 175 stammen aus dem bildarchiv des süddeutschen verlages, münchen.

VORANKÜNDIGUNG

inhalt von band II wird sein: (die autorinnen bleiben gleich)

tierkreiszeichen:	oppositionen, wenn ich in dir mein innerstes gesicht erkenne. fortlaufende kreisbeWegung, ich nehme dich auf und führe dich weiter.
planeten:	ihre oktavtöne, schwingungsbilder.
drachenkopf und drachenschwanz:	mondknoten, tore zum eigenen Sinn.
lilith:	lilith, black moon und was noch?

inhalt von band III wird sein:

retrograde planeten:	wenn die zeit ver-rückt spielt.
generations-planeten:	pluto löwe, pluto jungfrau, pluto waage oder ob wir uns die hand geben? frauenbewegung im lichte dieser kraft.
unsere drei «neuentdeckungen»:	persephone, isis und aranat, geschichten jenseits des patriarchats.

sonstige vorankündigungen:

«tanz mit mir den weg der schlange»
tierkreis und jahresfeste
rituale für frauen
aufgeschrieben von ute schiran

«mein begehren ist die erde»
gedichte, essays und fotos
eine sammlung aus dem lesbischen AllTag
von ute schiran

was es schon gibt:

«monhar», neun märchen für frauen
noch unter utes bürgerlichem namen
siebauer-breböck

ISBN-3-925531-00-9